*Sem*

# Semiótica Eclesial

*Con un enfoque Pentecostal*

M. EMANUEL CENICEROS

*M. Emanuel Ceniceros*

# SEMIÓTICA ECLESIAL

*Con un enfoque Pentecostal*

M. Emanuel Ceniceros

M. Emanuel Ceniceros

**Semiótica Eclesial; con enfoque Pentecostal**
**Serie: Comunicación Cristiana**
© M. Emanuel Ceniceros
© Publicaciones cdrgetsemani
(A5 15x21 cm)

Iª edición
© Publicaciones cdrgetsemani 2025.

P:G

Editado por: Publicaciones
cdrgetsemani y Autor
Calle c/ Coahuila, 605, Raúl
Caballero, Est. Rdz,
Anáhuac, Nuevo León,
México, 65030

www.cdrgetsemani.com/editorial
Reservados todos los derechos de publicación en cualquier idioma.

Según el Código Penal vigente ninguna parte de este o cualquier otro libro puede ser reproducida, grabada en alguno de los sistemas de almacenamiento existentes o transmitida por cualquier procedimiento, ya sea electrónico, mecánico, reprográfico, magnético o cualquier otro, sin autorización previa y por escrito de "M. Emanuel Ceniceros";
Su contenido está protegido por la Ley vigente que establece penas de prisión y/o multas a quienes intencionadamente reprodujeren o plagiaren, en todo o en parte, una obra literaria, artística o científica.

Impresión: POD. Impresión por Demanda

*Semiótica Eclesial*

*M. Emanuel Ceniceros*

# *SEMIÓTICA ECLESIAL*
## *Con enfoque pentecostal*

*Publicaciones cdrgetsemani 2025*

# Acerca del autor:

M. (Mizraim) Emanuel Ceniceros Tapia (1991), un comunicólogo y escritor, ha destacado en la industria de los medios, especialmente en radio, gracias a su formación académica en comunicación y liderazgo. Graduado en Comunicación por la Universidad Internacional de La Rioja, Teología Holística por la Universidad del Valle de Santiago, y con posgrado (2024) en Liderazgo y Gobierno Eclesial en Seminario Teológico Bethel (E.U.), misma institución donde, busca llegar a doctorarse a fin de obtener mayor conocimiento respecto al liderazgo para desarrollar proyectos en sinergia con la comunicación, aplicándolo a la iglesia. Ha contribuido al campo de la comunicación cristiana con libros como "Pablo y la persuasión; un enfoque desde la comunicación" (2023), un libro que muestra herramientas de comunicación persuasiva en la iglesia. Además, ha desarrollado el "Método Semiótico Eclesial", la "Teoría del líder excepcionalísimo", la "Teoría de la Causa Divina", "la Teoría del Dualismo del Liderazgo Espiritual" entre algunas otras relacionadas con el liderazgo y comunicación cristiana durante los estudios en el STB. Creador de un proyecto eclesial llamado Iglesia 360º, que fusiona la comunicación y los principios de liderazgo con las misiones y evangelismo, el cual nace de los estudios en el STB, en sinergia con sus estudios de comunicación en UNIR. Actualmente, está siendo aplicado en Casa de Restauración Getsemaní, una pequeña iglesia al norte de Nuevo León, México, donde ha tenido resultados en lugares de necesidad social.

*M. Emanuel Ceniceros*

# PALABRAS INICIALES DEL AUTOR

Existen muchas cosas que podrían ser destacadas en cualquier libro, considero que una de ellas es la comunicación. Más allá del hecho que la comunicación es la principal forma de interacción entre todos los individuos, creo que esta nunca termina de desarrollarse. Cada vez surgen nuevas maneras de concebir la comunicación. Aunque la hemos visto desde el inicio de la historia, y quizá pareciera lógico decir que "la iglesia también comunica". Lo cierto es que en el área eclesial, la comunicación es mucho más compleja de lo que parece. En muchas ocasiones la comunicación eclesial está sujeta a dogmas, doctrinas e ideas preconcebidas, pero muchas otras ocasiones no es así. Ahora bien, si consideramos que nos referimos al área eclesial, pues por supuesto que habría de ser esperable un candado (por así decirlo) en determinados aspectos, no por el hecho de ser sometedora (la iglesia) sino porque las doctrinas que durante años y siglos han sido interpretadas y no podría haber una nueva interpretación sin el consenso de un concilio interdenominacional. De lo contrario, tendríamos un concilio local, que no tiene la autoridad suficiente para desacreditar o adscribir una nueva norma, o doctrina en sus dogmas. En este sentido, sí, la comunicación y la interpretación está sujeta, pero esto parte de una necesidad sustancial que permanece en la idea de lo que representa la iglesia en sí misma. Que al final de todo ello, no se trata de otorgar un poder místico a la iglesia, que silencie la voz de quien considera algo novedoso, una nueva interpretación bíblica. Más bien, creo que el hecho de que exista esta sujeción a las normas y doctrinas, es por el simple hecho de que lo que ya ha sido determinado en consenso como doctrina "ya ha sido hecho". Por lo tanto, si nuestra interpretación de una idea importante sobre un pasaje bíblico (significante) logra vislumbrar de modo que modifique nuestra percepción de la realidad teológica que contenemos (significado) otorgamos un valor que, conciliarmente no tendría sentido y peor aún, carecería de efectividad, si no existe un consenso. En este caso sería una secta.

Este libro habla precisamente de aquellas presuposiciones que parten de una idea, una interpretación, pero lo enfocaremos al área de la semiótica, puesto que podría brindarnos gran valor este podría ser un libro que sea de gran beneficio a los estudiantes de institutos bíblicos, seminarios teológicos y/o universidades cristianas, además, este propone un modelo semiótico eclesial. (podríamos denominarlo, también, como "semiótico corporativo") Que permitirá comprender cómo interpretar el significado de los signos a partir de la doctrina pentecostal

Con mucho afecto

*M. Emanuel Ceniceros*

*M. Emanuel Ceniceros*

*Semiótica Eclesial*

# ÍNDICE

Tabla de contenido

*SEMIÓTICA ECLESIAL* .................................................. 6
*PALABRAS INICIALES DEL AUTOR* ........................... 8
*INTRODUCCIÓN* ........................................................... 17
*I. SEMIÓTICA; PRIMEROS ACERCAMIENTOS* .......... 20
    PERSONAJES IMPORTANTES .................................. 24
        Charles Sanders Peirce ............................................ 24
        Ferdinand de Saussure ............................................ 27
        Roland Barthes ........................................................ 28
        Yuri Lotman ............................................................ 31

*II. LA SEMIÓTICA DESDE LO ACADÉMICO A LA IGLESIA* ......................................................................... 33
    Semiótica y comunicación religiosa ........................... 33
    LA ESPIRITUALIDAD Y LA SEMIÓTICA RELIGIOSA ...... 38

*III. LA SEMIÓTICA EN LA IGLESIA.* ............................ 41
    Las Escrituras ............................................................. 42
    El Signo de Cristo y el arte humano; una interpretacion semiotica al arte religiosa. ........................................... 45
    Arquitectura ................................................................ 46
        Arquitectura Pentecostal ........................................ 47
        Fray Gabriel de la Mora (Arquitecto católico) ....... 50
    La arquitectura y la teología ...................................... 51

*MÉTODO SEMIÓTICO ECLESIAL* ............................... 54

## IV. PREMISAS DE LA PROPUESTA SEMIÓTICA ECLESIAL I .................................................................. 55

SEMIÓTICA COMBINATORIA LULIANA ..................... 59

La Eclesialidad Semiótica de la Iglesia Corporativa ............. 61

## V. PREMISAS DE LA PROPUESTA SEMIÓTICA ECLESIAL II .................................................................. 64

Partes del MSE Imagen Clara ........................................ 67

## VI. PREMISAS DE LA PROPUESTA SEMIÓTICA ECLESIAL III ................................................................. 70

¿Por qué es necesario considerar lo establecido por Wesley? . 70

Cuadrilátero Wesleyano ................................................ 71

Estructura del Cuadrilátero Wesleyano ........................... 72

¿Por qué considerar al cuadrilátero Wesleyano? ............... 72

¿Por qué es una herramienta metodológica externa? ........ 73

## VII. PREMISAS DE LA PROPUESTA SEMIÓTICA ECLESIAL IV ................................................................. 76

El Pentágono Pentecostal ............................................. 76

Puntos importantes del Pentágono Pentecostal ............... 78
- Experiencia personal: ............................................... 78
- Comunicación o comunicación oral: ......................... 79
- La espontaneidad: ................................................... 80
- La preocupación por la otra vida: .............................. 81

## VIII. EL APÓSTOL PABLO, LOS FILIPENSES Y EL PENTÁGONO PENTECOSTAL ....................................... 82

Temor y temblor; φόβου ............................................... 83

φόβου / φόβῳ .............................................................. 84

- El Pentágono Pentecostal en la carta a los filipenses. ...... 86
- Una arista del pentágono pentecostal ...... 87
- La responsabilidad individual y colectiva. ...... 87
- La salvación como hecho no se pierde; la salvación como efecto sí. 88

## IX. CATOLICISMO ROMANO, MARIOLOGÍA Y SU INTERPRETACIÓN SEMIÓTICA ...... 90

- Dogmas Marianos ...... 91
- Asunción de María ...... 92
- Infalibilidad Papal ...... 97

## X. DOCTRINA UNICITARIA Y SU INTERPRETACIÓN SEMIÓTICA ...... 102

- ¿Qué es el movimiento unicitario? ...... 104
- Su modelo semiótico ...... 106

## XI. MORMONISMO Y SU INTERPRETACIÓN SEMIÓTICA ...... 109

- Su modelo semiótico ...... 112

## XII. ¿QUÉ VALOR OTORGA LA SEMIÓTICA A LA IGLESIA EVANGÉLICA PENTECOSTAL ACTUAL? .. 114

- Doctrinas y Espiritualidad Pentecostal ...... 117
  - La Trinidad ...... 117
  - Las Interpretaciones de la Espiritualidad Pentecostal ...... 119
  - Cognitive Science of Religion y las implicaciones a la espiritualidad pentecostal ...... 120

## XIII. TEORÍA DE LA CAUSA DIVINA COMO RESPUESTA PENTECOSTAL A LAS CIENCIAS CONGNITIVAS DE LA RELIGIÓN ...... 125

- Perspectivas académicas/neurocientíficas ...... 125

1. Visión general de las Ciencias Cognitivas de la Religión (CCR) 125
2. Evaluación crítica desde una perspectiva pentecostal ............... 126
3. Desarrollo de la Teoría de la Causa Divina ............................ 126
4. Integración teológica y diálogo constructivo ......................... 127
5. Conclusión: fe, revelación y Espíritu .................................... 127

**Adentrándonos a la Teoría** ............................................................ **128**
Defensa la Reacción, concepto externo en la causa y el efecto (Teoría de la causa divina) ............................................................................. 128

**Teoría de la Causa Divina y la Semiótica Eclesial** ............... **131**

## XIV. LA IGLESIA Y LA CULTURA; APORTACIONES A LA MISIONOLOGÍA DESDE LA SEMIÓTICA CULTURAL ............................................................................. 133

La Iglesia, la Violencia Cultural y la Traducción según la Semiótica de Lotman ............................................................. 135

## XV. SEMIÓTICA Y LA INTELIGENCIA ARTIFICIAL; DIOS HOMBRE Y LAS IA´s ............................................. 140

Los nuevos panoramas para las culturas ............................. 140

La IA, Dios, y el Hombre ........................................................ 142

## XVI. LAS LENGUAS; ἑτερογλώσσοις ............................... 148

No hay nada descartable .................................................... 149

γλώσσαις (glosas) ................................................................ 151

ἑτερογλώσσοις & καιναῖς ................................................... 154

Mi declaración final y sincera ............................................. 157

Una corta experiencia (Delphi) ........................................... 158

## XVII. EL INDIVIDUALISMO DE LA IGLESIA EN EL QUEHACER TEOLÓGICO ............................................. 161

El orgullo del Gran hombre pequeño .................................... 162

Las Ciencias Bíblicas vs. Estudios Teológicos. ¿En conflicto?
............................................................................................ 163

La Conclusión de todo ............................................... 165

El Pensamiento Innovador las normas ..................... 166

## XVIII. EL PENTECOSTALISMO Y LA UNIVERSALIDAD DE LA IGLESIA ACTUAL .................................................. 168

Nuestra identidad Católica, Protestante y Pentecostal ......... 169

*Bibliografía* ................................................................ 174

*Glosario general en orden alfabético* ....................... 179

*Glosario de palabras utilizadas por el autor* ........... 184

*Lista temática de conceptos propios del autor* ....... 186

*M. Emanuel Ceniceros*

*Semiótica Eclesial*

# INTRODUCCIÓN

El pentecostalismo ha crecido con el pasar de los años. Su teología se ha robustecido y las aportaciones académicas han sido fecundas para una transición del pensar teológico pentecostal. El pentecostalismo por distintas ramas del cristianismo ha sido catalogado y relacionado en ciertas ocasiones, equivocadamente, con el neo-pentecostalismo. Otorgándole un nombre que proviene de una mala interpretación de su credo, siendo así que, "por unos pocos, todos la llevamos". Lo interesante es que, es a partir de una interpretación ajena a lo interno, es decir; en el desconocimiento del desarrollo eclesial, se establecen determinadas posturas que muchas veces son incorrectas. Esto a todas luces es producto de dos cosas:

1. Una mala exposición de nuestras doctrinas.
2. Una mala interpretación (externa) de quien estudia el desarrollo pentecostal.

De cualquier forma, siempre está implícita una palabra "semiótica". Este libro procurará definir un modelo semiótico eclesial a fin de ser usado para una interpretación de la identidad pentecostal, con el propósito final de que pueda ser de guía, y animo a mis hermanos pentecostales, de los cuales formo parte, a seguir creciendo en la fe, en Cristo Jesús.

La semiótica es parte de los estudios de la comunicación y fundamental para la iglesia, pues como en algunas otras ocasiones he dicho "la iglesia en esencia es comunicadora".

El libro contiene: El método semiótico eclesial, la teoría de la causa divina (como referencia a la defensa de la iglesia), análisis semiótico a la postura católica (dogmas marianos), análisis desde el MSE en la interpretación de la iglesia (o iglesias) unitarias, la estructura del método semiótico, los beneficios para la iglesia pentecostal del futuro, nuestra identidad católica protestante y pentecostal, entre otros.

*Semiótica Eclesial*

M. Emanuel Ceniceros

# I. SEMIÓTICA; PRIMEROS ACERCAMIENTOS

Es característico de la Iglesia transmitir un mensaje a través de ilustraciones expresadas desde el altar (la predicación). Muchos mensajes bíblicos tienen un valor semiológico, ya que otorgan valor a un signo; un punto de referencia para ofrecer significado a lo que se expresa.

En este capítulo hablaremos de la semiótica y cómo esta se involucra en todo el discurso eclesial. Cabe señalar que este libro, y por ende este capítulo, no tiene un tinte teológico, aunque al establecer la idea del uso de la semiótica, se sobreentiende que podríamos estar incurriendo en una intención teológica', lo cual no afectaría en lo más mínimo al sentido del libro y del tema en cuestión.

Para iniciar, me gustaría establecer brevemente el significado de 'semiótica', revisando algunos aspectos históricos para dar paso a la semiótica interpretada en la Escritura. En este sentido, este capítulo no tiene como objetivo otorgar un valor teórico mayor que práctico; todo lo contrario. Dadas las necesidades y el público al que va dirigido (no académico), se intentará con mucho mayor énfasis brindar beneficios prácticos sobre el tema.

La semiótica es el resultado de asignar un significado a un significante. ¿Qué es un significante? Es lo que se representa 'tal cual', por ejemplo, una silla. La silla es el significante, pero no adquiere significado hasta que se le otorga uno: 'esa es mi silla'; entonces se le da un valor, y por tanto se le otorga un sentido.
Esto también puede ejemplificarse a través de la lingüística; sin embargo, debido a las características del tema, nos enfocaremos más en los símbolos.

La semiótica y la semiología son prácticamente lo mismo, salvo que fueron definidas en diferentes épocas por distintas personas. Por ende, cuando hablamos de semiótica y semiología, estaríamos hablando de lo mismo. Para aclarar esto, definiremos 'semiología' desde su raíz etimológica. Proviene del griego σημεῖον y λογος (semeion y logos), que literalmente se traduce como 'signo, estudio', el estudio del signo.

Una forma sencilla de entender la interpretación semiótica es desde el siguiente modelo: se presenta un objeto, el cual es nombrado. Esa 'nombración' se convierte en signo, y dependiendo de lo que ese objeto represente, tendrá o no tendrá un valor significativo. Por ejemplo: si presento una mesa, la mesa en sí misma no tiene valor alguno más que su funcionalidad. Pero si esa mesa se convierte en el centro de reunión donde una familia se congrega a orar, conversar o cenar juntos, entonces ha pasado a tener un valor simbólico, una significación más allá de su materialidad.

En este punto, podemos ver cómo en la iglesia los signos se convierten en parte de la vida devocional: el púlpito, el altar, el aceite, la imposición de manos, etc. Cada uno de estos elementos ha sido cargado simbólicamente a través del tiempo y la práctica ritual.

En muchos púlpitos se utiliza el aceite como un símbolo, una representación del Espíritu Santo, como se hacía en el Antiguo Testamento. Ese aceite, sin valor comercial importante, adquiere un carácter simbólico porque es consagrado para un uso sagrado. Otro ejemplo son las vestiduras ministeriales; para algunos no tienen valor, pero para otros representan autoridad, santidad y unción.

Desde esta óptica, la iglesia ha venido construyendo un lenguaje simbólico que trasciende la palabra hablada y se manifiesta en el gesto, el objeto, el espacio y el tiempo sagrado. Todo lo que ocurre en el altar, desde la oración hasta la predicación, pasa por un filtro simbólico que comunica algo más allá de su materialidad.

En resumen, la semiótica eclesial no es un concepto impuesto desde afuera, sino una realidad vivida dentro de la práctica de la fe. La interpretación de estos signos puede variar según la tradición denominacional, pero todos comparten la necesidad de dotar de sentido lo que hacen. Esto es lo que convierte a la iglesia no solo en una comunidad de creyentes, sino en una comunidad de sentido.

Un detalle importante es que este lenguaje simbólico no requiere explicación en muchos casos; basta con el uso repetido y el contexto compartido para que los fieles entiendan lo que un acto representa. Por ejemplo, levantar las manos, arrodillarse, cerrar los ojos o alzar la voz en oración, son signos que no necesitan ser traducidos, ya que han sido interiorizados como expresiones de adoración, súplica o rendición ante Dios.

La riqueza de la semiótica eclesial está en su capacidad de crear comunidad mediante el lenguaje no verbal. En las iglesias pentecostales, esto es especialmente evidente. No es solo lo que se dice desde el púlpito, sino cómo se dice, cómo se mueve el predicador, cómo reacciona la congregación, cómo se canta, cómo se ora. Todo ello forma parte de un entramado simbólico que da forma a la experiencia espiritual.

Finalmente, podemos decir que la semiótica, al ser una herramienta interpretativa, permite a la iglesia examinar y comprender mejor su propia práctica, discernir cuándo un signo ha perdido su fuerza o cuándo necesita ser resignificado. La iglesia, al ser una comunidad viva, está en constante transformación, y por ello sus signos también pueden evolucionar sin perder su raíz en lo sagrado.

*M. Emanuel Ceniceros*
## PERSONAJES IMPORTANTES

### Charles Sanders Peirce[1]

Uno de los principales referentes de la semiótica (quien aportó a la semiótica como tal, es decir, quien le dio el título "semiótica") fue Charles Sanders Peirce (1839-1914). Peirce, también fue conocido por ser el fundador de la escuela semiótica norteamericana, (pragmática). Algo interesante de Peirce fue que "en la segunda mitad del siglo XIX se inspira en la teología trinitaria de los escolásticos, a los que también conocía para desarrollar su teoría del signo", (Beuchot M. 2004. P75)[2].

Charles Sanders Peirce, a diferencia de Ferdinand, tuvo un trabajo mucho más robusto y que enfocaba no solo a la idea e interpretación de un signo iconográfico, sino también a la lingüística, en diferentes formas de comprenderlo. Sanders establece que si la persona no conoce nada sobre el objeto, el signo no existe. En The Collected Papers of Charles Sanders Peirce, editado por Hartshorne, C. and Weiss P., (1994)[3] establece una serie de elementos prácticos para interpretar divididos en tres

---

[1] A dia de hoy el trabajo de Peirce ha sido fundamental para comprender la filosofía del signo. Su trabajo, ha sido también, el más desarrollado hasta ahora y más complejo. Podria decirse que si pretendes hablar de "semiótica" tienes que hablar de Peirce.

[2] Beuchot M. (2004) La Semiótica; Teorías del Signo y el Lenguaje. P75, Fondo de Cultura Económica.

[3] Hartshorne C. & Weiss P. (1994) Collected Papers of Charles Sanders Peirce; Principles of Philosophy and Elements of Logic. Harvard University Press.

tricotomías, formadas por un representamen[4] o signo cada una, las cuales son:

### 1.ª. tricotomía: de comparación

Signo en sí mismo como mera cualidad: un auto (cualisigno) [Primeridad]

Signo como existente real: el auto rojo deportivo (sinsigno) [Segundaridad]

Signo como ley general: la velocidad representada (legisigno). [Terceridad]

### 2.ª tricotomía: de función

fotografía

huella (índice)

bandera (símbolo) (ver apunte)

### 3.ª. tricotomía: de pensamiento

término *rhema*

proposición *dicisigno*

argumento *argumento*

Aunque estos tres conceptos, de igual forma, se encuentran en el desarrollo litúrgico, nos centraremos en el punto importante en

---

[4] El representamen es el concepto semiótico/lingüístico planteado por Peirce. Equivalente a un signo, el cual se desarrolla en la mente del individuo. Un signo con un significado más detallado.

cuestión. El desarrollo de la Semiótica Eclesial, un concepto simple y ya utilizado, pero no estructurado de la forma en como lo estaremos haciendo. Además, esto abre una puerta al análisis mucho más profundo del culto religioso desde los estudios de la comunicación, y en este caso, la semiótica en la religiosidad, pero más allá de eso, el MSE (método semiótico eclesial) buscará ser una brújula o ancla de fe en cuestión de interpretación teológica y doctrinal.

El modelo que Peirce aporta está basado en el desarrollo e interpretación de la semiótica social, es decir, en la interpretación de la comunicación sociológica y cómo interpretar sus signos. El modelo que representó está ejemplificado con una figura triangular. Cada uno de los extremos representa algo, y es de la siguiente manera.

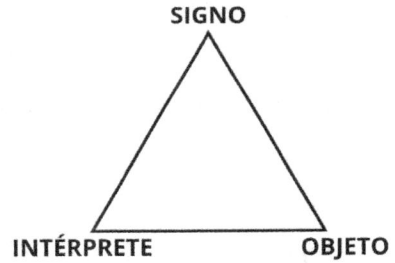

[Imagen: Semiótica del signo de Peirce][5]

De la forma en que podríamos explicarlo es de la siguiente manera:

---

[5] Representación gráfica de la semiótica del signo (*representamen*) de Peirce.

1. **Signo**: El signo (*representamen*) es aquello que existe de lo que podría emanar un valor en función de la interpretación.
2. **Objeto**: es aquello que esencialmente está interpretando.
3. **Interprete**: El individuo que, con base en su conocimiento, interpreta aquello.

### Ferdinand de Saussure

Uno de los grandes referentes de la semiótica y uno de los representantes más influyentes (si no es que el más influyente) de la escuela semiótica del estructuralismo europeo[6], fue Ferdinand de Saussure, el mismo que desarrolló la teoría del significado y el significante que propone; que no existe el significado a un significante (imagen) sin un intermediario que lo establezca. Es decir: El significante está sujeto a un ente mediador que lo defina, mientras tanto sigue siendo significante. Es decir, no tiene una clara interpretación, más allá de lo que es en sí misma pretende ofrecer. Ferdinand es conocido como el padre de la lingüística y él es el responsable de acuñar el título "*semiología*" en los países europeos.

Su representación la podríamos ejemplificar de la siguiente manera.

---

[6] Una de las escuelas semioticas que se dio en Europa, con Ferdinand como uno de sus mas grandes representantes, ademas de Roland Barthes, e incluso la influencia de la filosofia analitica de Russell o Wittgenstein respecto (éste último) sobre la comprension del lenguaje como signo.

*M. Emanuel Ceniceros*

$$\text{SIGNO} = \frac{\text{SIGNIFICAD}}{\text{SIGNIFICANTE}}$$

[Imagen: Semiótica de Ferdinand][7]

Para Saussure el "significado", es aquello claro, visible e interpretable, un ejemplo podría ser un árbol (imagen) este signo es la representación clara de "significado", pero además Saussure contempla lo que denomina "significante" que es aquello que subyace en el mismo, podría ser representado de la siguiente manera: "Á/R/B/O/L/". En este sentido, podremos entender que el significado es lo que representa por sí misma (sonido, letra, imagen) mientras que significado es aquel que se otorga a partir de un determinado proceso.

### Roland Barthes

Uno de los grandes semiólogos, y podría decir que de manera personal, lo considero un innovador en la semiología y lingüística, es Roland Barthes. Un semiólogo y crítico francés, quien presenta un modelo posterior a lo postulado por Ferdinand de Saussure, (Ferdinand es conocido como el fundador de la lingüística moderna).

---

[7] Representación gráfica de la semiología por Ferdinand

El modelo de Barthes establece distintas formas de interpretación lingüística y muy distante a lo que Ferdinand había postulado esto para comprender la semiología en la lingüística, no viceversa como lo comprendía Ferdinand. Estos cambios de la estructura en la lingüística moderna lo llevo a ser criticado y atacado por lingüistas, por la desacertada utilización de los conceptos manejados en lingüística. A pesar de las críticas recibidas, y la manera particular de hacer su semiología, lo han posicionado en un lugar importante dentro de los grandes semiólogos. "Puede ser reconocido como un eficaz semio´ logo no formalista que aporta interesantes perspectivas dentro de la psicologi´ a social y la sociologi´ a" (Alonso, L. E., & Fernández Rodríguez, C. J., 2006[8])

El modelo semiótico de Roland Barthes es el siguiente:

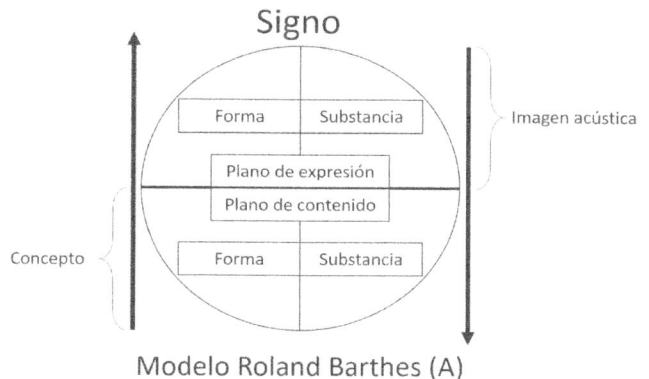

Modelo de Análisis del signo, de R. Barthes[9]

---

[8] Alonso, L. E., & Fernández Rodríguez, C. J. (2006). Roland Barthes y el Análisis del Discurso. EMPIRIA. Revista de Metodología de las Ciencias Sociales, (12), 11-35.

[9] Análisis del signo en Roland Barthes (s.f.) obtenido de: https://www.goconqr.com/es/p/21373108?dont_count=true&frame=true&fs=true

El modelo de Roland, contempla una nueva aportación, "el signo connotativo". En Ferdinand notamos que únicamente se mantiene en una interpretación lingüística del signo, por lo tanto, no hace un profundo análisis, de hecho, tal y como se ha destacado, él (Ferdinand) consideraba la semiótica como una herramienta más, subordinada a la lingüística, sin embargo, la aportación de Barthes supuso una perspectiva más amplia del signo.

Para lograr llegar al signo connotativo[10], Barthes consideraba un análisis de la siguiente manera:

- **Significante** ------------------------ *Forma material*
- **Significado** ------------------------ *Significado literal*
- **Signo denotativo** ------------------ *Unidad de significación literal*

- **Significante connotativo** --------- *El signo denotativo como base para darle otro sentido*
- **Significado connotativo** ---------- *Valor simbólico e ideológico*
- **Signo connotativo** ----------------- *Unión entre ambos.*

Bajo ése sentido de interpretación, Barthes en su modelo (el previamente presentado) contempla otros elementos:

**Plano de expresión**: Lo que percibimos (imagen, sonido o palabra)

---

[10] El signo connotativo es el desarrollo posterior a lo postulado por Ferdinand de Saussure. Éste demuestra un enfoque mas amplio pero sobre todo. Dempuestra la posibilidad de la versatilidad de la interpretacion del signo. Más alla de las fronteras lingüísticas.

*Semiótica Eclesial*

**Plano de contenido:** El concepto que evoca.

**Imagen acústica:** Significante

**Concepto:** Significado

Cada uno tiene [**forma**] "estructura general" y [**sustancia**] "material específico".

## Yuri Lotman

Fue un semiótico ruso, fundador de la escuela semiótica Tartu-Moscú y su aportación fue plenamente establecer lo que él denominó como "semiosfera", lo cual buscaba entender las culturas y los significados que hay en ellas. Contemplando aún más que únicamente culturas, sino que adentrándose a sus afectaciones culturales, asimismo a aquellas situaciones que producen "violencia cultural"[11] y provocan una reinterpretación de los signos dentro de dichas culturas. Desde la perspectiva semiótica de Yuri Lotman, la violencia cultural no se refiere solamente a imposiciones físicas, sino a la imposición de un sistema de signos y significados sobre otro sin respetar su lógica interna.

---

[11] La violencia que Lotman considera es aquella que se manifiesta cuando la cultura, la cual contiene en sí misma una heterogeneidad, es modificada a partir de diversas prácticas consideradas negativas para la cultura, que omitieron la heterogeneidad o podrían modificar los significados en las culturas y subculturas. Un ejemplo podría ser la llegada de Hernán Cortéz a las américas, las acciones que posteriormente llevo a la conquista de la corona española del país azteca. Éstas acciones supusieron una modificación cultural sistemática con el pasar de los años. La adaptación de nuevos signos, nueva religión y nueva cultura, dio como resultado a lo que podríamos considerar (y que Lotman detalla) como violencia cultural.

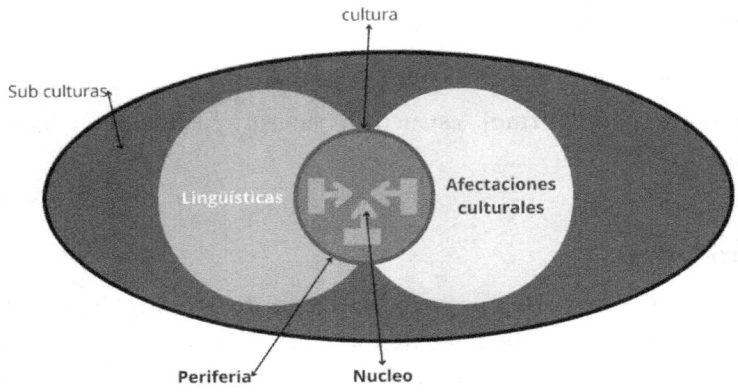

*Modelo de Análisis del signo, Lotman*[12]

Los estudios semióticos por lo tanto no solo se dividen en personajes, sino en escuelas semióticas las cuales, los antes mencionados son solo algunos de los representantes. Las escuelas semióticas son:

1. Escuela semiótica **pragmática** (americana)
2. Escuela semiótica **estructuralista** (europea)
3. Escuela semiótica **de la cultura** (Escuela de *Tartu-Moscú*[13])
4. Escuela semiótica **contemporánea** o semiótica **aplicada**

En ésta última en donde podríamos posicionar al método semiótico eclesial.

---

[12] Imagen de la Semiosfera de Lotman. Presenta las afectaciones culturales y lingüísticas, así como las culturas y subculturas.

[13] Actualmente se encuentra en la **Universidad de Tartu** en Estonia. Podría considerarse la cuna de la semiótica de la cultura fundada por Lotman.

# II. LA SEMIÓTICA DESDE LO ACADÉMICO A LA IGLESIA

**Semiótica y comunicación religiosa[14]**

La iglesia cristiana, como comunidad de fe, no puede existir sin comunicación. Todo lo que en ella acontece tiene un carácter comunicativo. No solo por la predicación, sino por las canciones, la arquitectura, el orden del servicio, los gestos corporales y los espacios de oración. La religión se expresa y se transmite a través de signos, y estos signos son portadores de sentido.

---

[14] Es importante destacar que la semiótica y comunicación religiosa no es algo novedoso del todo, aunque dentro del pentecostalismo, y según el propósito del libro, no solo es "realmente" novedoso, sino que aportaría algo significativo al movimiento pentecostal.

Desde el momento en que se canta un coro, se levanta una mano o se usa el púlpito, se está generando comunicación simbólica. La semiótica, al estudiar los signos y su significación, se convierte en una herramienta esencial para interpretar cómo la iglesia comunica lo sagrado. Así, no solo se limita a lo lingüístico, sino que abarca todo el espectro de signos visibles e invisibles que configuran la vida comunitaria de fe.

La iglesia se convierte así en una estructura simbólica viva. Cada elemento de su liturgia puede leerse como un signo: el púlpito representa la autoridad de la Palabra, el altar representa el lugar de encuentro, el aceite el Espíritu Santo, y la imposición de manos, la transferencia de poder espiritual. Estos signos se entienden por uso y repetición, pero también porque son parte del lenguaje compartido dentro del cuerpo de Cristo.

Una comunidad sin signos compartidos no puede sostener su identidad. La semiótica permite que esa identidad sea reforzada, interpretada y, cuando sea necesario, transformada sin perder la esencia. En las iglesias pentecostales, donde la experiencia y la emoción tienen un lugar privilegiado, los signos son aún más elocuentes: el hablar en lenguas, la danza, el silencio profundo durante la oración. Todo comunica[15].

La predicación misma puede entenderse como una acción semiótica. El predicador utiliza no solo palabras, sino pausas, énfasis, movimientos, tono y volumen para comunicar no solo el mensaje bíblico, sino la urgencia, la carga espiritual, la dirección del Espíritu. Esto convierte al predicador en un signo viviente, una

---

[15] Haciendo alusion a lo considerado por Umberto Eco, cuando establece esto mismo, que "todo comunica", en ésta ocacion aplicado al area eclesial

especie de portavoz visible del mensaje invisible.

Desde esta perspectiva, también los objetos pueden volverse signos sagrados. El micrófono, la silla, el pañuelo, todo puede adquirir significado en función del uso que se le dé dentro del contexto del culto. Por eso, la semiótica en la iglesia no es un lujo académico, sino una herramienta para entender cómo lo sagrado se comunica y se encarna en lo cotidiano.

En conclusión, la iglesia no solo debe predicar con palabras, sino también con signos. Y estos signos deben ser entendidos, discernidos y cuidadosamente utilizados. La semiótica no reemplaza la revelación, pero la complementa al permitirnos ver cómo el Espíritu comunica también por medio de gestos, atmósferas y objetos. La tarea del líder espiritual es estar atento a estos signos y usarlos con sabiduría para edificación del cuerpo de Cristo.

Así como en la Biblia los profetas utilizaron acciones simbólicas para comunicar el mensaje de Dios (como el yugo de Jeremías o el cinturón podrido), también hoy los líderes espirituales son llamados a comunicar con palabras y con signos, sabiendo que cada gesto puede ser una ventana hacia lo eterno.

## El estudio semiótico de la academia a la iglesia

La semiótica, como previamente he comentado, ha sido estudiada desde muchos panoramas y hacia muchas áreas. En el caso particular de lo académico, y de manera inicial, consideraremos un artículo académico, de la doctora en Ciencias del Lenguaje con mención en Semiótica por la *Universidad de Limoges*[16], Francia, María Luisa, que publicó un artículo de seminario, titulado "*El sujeto religioso y la intersubjetividad*". Donde estudia la religión semióticamente y da una resolución, a mí considerar, desenfocada, puesto que, ciertamente, utiliza bien los métodos semióticos, pero no considera que la espiritualidad no es semióticamente estudiable. Es por ello que yo, ofrezco un método semiótico eclesial, para dar claridad a esta bruma.

La Dra. dice lo siguiente en la resolución de su artículo:

> "*Si hemos partido de la afirmación de que la negatividad es una condición de posibilidad de la significación, debemos decir que la negatividad es dominante en el discurso religioso, que por su propia naturaleza origina un efecto de sentido singular, el del absurdo, lo extraño e inadmisible. Este efecto se realiza inclusive en sujetos que comparten la misma búsqueda, así lo hizo saber Cioran: "la religión es una sonrisa que planea sobre un sinsentido general, como un perfume final, sobre una onda de nada" (Solís, M. L., 2019)*"[17]

La doctora Solís, precisamente, analiza la iglesia desde un punto académico, pero el error es analizar la espiritualidad y sus eventos manifestantes en cada individuo. Pues, si optamos por analizar la iglesia de esa manera, no tiene una lógica clara desde una perspectiva semiótica.

---

[16] Una de las universidades que conserva el pensamiento de la escuela semiótica estructuralista.

[17] Tomado de "El sujeto religioso y la intersubjetividad. Tópicos del Seminario", 2019.

*Semiótica Eclesial*

Supongamos que queremos darle un significado a un signo, pero este signo no existe, ¿cuál es el significado que como interpretánte le estoy dando?, ¡ninguno!, porque no existe tal signo. Debemos considerar que cuando hay manifestaciones espirituales, abrazamos la fe (aquello que no vemos, pero sabemos que ocurrirá) pero además, es algo que llevamos con nosotros siempre. ¿Cuál es el sentido de abandonar la manera convencional de análisis semiótico cuando se refiera a algo espiritual? Porque los eventos son trascendentes a la comprensión lógica, no se trata de una interpretación ilógica, sino que su causa está fuera del alcance del efecto. Más adelante, hablo de una teoría que establecí para fortalecer esta postura (teoría de la causa divina)

Uno de los semióticos, cuyo trabajo ha recorrido países y ha sido de gran beneficio a múltiples estudios en el campo de la semiótica y comunicación y a quien además admiro su trabajo, es Massimo Leone quien afirma en su artículo "Semiotics of religion: A map. The American Journal of Semiotics":

> *"Es a través de la lectura de relatos verbales, del éxtasis religioso de la observación de escenarios visuales o litúrgicos, para la experiencia extática, que el semiótico puede llegar a una hipo´ tesis fenomenológica sobre qué es el éxtasis en términos teóricos"* (Leone, M., 2019[18])

Algo que podríamos considerar como evidente, por tanto, se refiere a cosas quizá inentendibles. Por supuesto, es ahí cuando el análisis semiótico gira en torno a un análisis fenomenológico; sin embargo, las interpretaciones muchas veces son generales, es

---

[18] Leone, M. (2019). Semiotics of religion: A map. *The American Journal of Semiotics*, *35*(3/4), 309-333.

decir, el resultado de un análisis semiótico respecto a un evento, digamos una manifestación espiritual, de hablar en lenguas, de una persona que llora sin explicación clara. No es algo que podríamos establecer como general, puesto que el desarrollo de estas manifestaciones se da en momentos específicos, con personas específicas y en muchos casos, algunas de las personas ni siquiera se encuentran en sitios de culto. Entonces, para definir una semiótica religiosa, que dé respuesta amplia a los eventos inexplicables que suscitan en los recintos de culto, es fundamental volver a la pregunta ¿por qué ocurre?, ¿qué produce eso?, y esta nos llevará indudablemente a conocer la religión en cuestión. Definir la religión es importante, pues de ahí es que parten las manifestaciones, o al menos es de ese punto en concreto, es que la mayoría de estas, se demuestran. Por lo tanto, habría que considerar sus creencias. Digamos, por ejemplo, ¿cuál es el motivo por el cual las iglesias pentecostales hablan en lenguas extrañas?, no solo por la manifestación extraordinaria que ocurre, sino por la aceptación de la doctrina que fortalece el hablar en lenguas como parte de la religiosidad. En el catolicismo, por ejemplo, aquellas experiencias, más tangibles, como la transubstanciación. Esto ocurre porque en el catolicismo, la idea de las manifestaciones espirituales podrían estar mucho más cercanas a lo tangible, el hecho del dogma respecto a la iglesia visible. Mientras que el protestante habla de una iglesia invisible. Es aquí de donde se debe partir para comprender las manifestaciones espirituales y su comprensión semiótica.

## LA ESPIRITUALIDAD Y LA SEMIÓTICA RELIGIOSA

Ahora, quisiera que ahondemos un poco sobre este asunto. La espiritualidad y la semiótica religiosa no es la base, sino la idea de dar un significado semiótico a la fe, y eso totalmente absurdo, (algo similar a lo que ocurre con el estudio del Cognitive Science of Religion, de lo cual previamente he escrito para el Seminario Teológico Bethel (South Bend, Indiana, EE. UU) y posteriormente será publicado en un libro titulado "Postulaciones y Nuevos conceptos de Liderazgo Pentecostal" (2024)

Analicemos un pasaje bíblico (Hebreos 11:1[19]) Este pasaje claramente habla de algo *inexistente*. Una premisa de la semiótica es que, para que algo tenga un significado, debe ser existente (naturalmente), pero es totalmente absurdo usar la fe como un punto de referencia de estudio porque, simplemente, se estaría estudiando "*nada*"; no llegaría a nada. La experiencia espiritual real en el individuo es una interpretación interna, por lo cual no puede ser estudiada de la manera en que estudiamos cualquier signo en semiótica. La propuesta semiótica eclesial no se enfoca en ello, sino en el pensamiento cristiano. Si nos enfocamos en la espiritualidad, no llegaremos a ningún lugar. Es fundamental entonces enfocarnos en aquello que subyace en el pensamiento del individuo que experimenta un éxtasis o exacerbación de lo espiritual. Esto es el credo.

Cada una de las religiones en el mundo tiene sus bases fundamentales, su doctrina que le permite tener un análisis apropiado respecto a lo que cree. La semiótica religiosa, aplicada correctamente, puede basarse en lo que previamente otros semiólogos han implementado en sus métodos; sin embargo, no puede aplicarse totalmente y solitariamente, es decir, debe haber una modificación, por tanto, que lo desarrollado en el área eclesial no es compatible con la vida cotidiana. *En la cotidianeidad los*

---

[19] Es, pues, la fe, la certeza de lo que se espera, la convicción de lo que no se ve (Hechos 11:1 rv60)

*eventos no son extraordinarios, mientras que en las iglesias hay eventos extraordinarios fuera de la lógica.* Querer definir estos eventos semióticamente con el uso de métodos de análisis semióticos establecidos para analizar contextos sociales, ordinarios y extraordinarios sería un error. Es necesario hacer esta distinción.

La semiótica religiosa y el Método Semiótico Eclesial, presentado en este libro, es, por tanto, una propuesta interna a las iglesias, en específico a las iglesias pentecostales, que revitaliza su fe y ayuda a enfocar la interpretación de su eclesialidad[20].

---

[20] "Eclesialidad" es una expresión que he usado para referirme al desarrollo de la iglesia no solo histórico sino comunicativo de la iglesia, es decir, cómo la iglesia primitiva (por ejemplo) tenía múltiples puntos de encuentro, y éstos mantenían ciertas características según sus regiones geográficas. Éstas comunidades en conjunto mantienen una comunicación personal y espiritual, éste proceso le otorgo el titulo de eclesialidad, el desarrollo histórico de la iglesia y su forma de comunicación que permite el crecimiento y expansión de la misma.

# III. LA SEMIÓTICA EN LA IGLESIA.

La Iglesia siempre ha comunicado no solo a través de la doctrina, sino también mediante acciones, símbolos y toda la estructura de su adoración. El altar, el púlpito, las manos levantadas y el acto de ungir con aceite forman parte de un sistema simbólico cargado de significado teológico. Estos elementos constituyen lo que podría describirse como el 'cuerpo semiótico' de la iglesia: su capacidad para significar realidades divinas a través de expresiones humanas.

Este marco semiótico no es accidental; surge de una larga tradición de simbolismo bíblico. Por ejemplo, la serpiente levantada por Moisés en el desierto (Números 21:8 – 9)[21] no solo servía como objeto, sino como un signo que apuntaba a la sanidad

---

[21] Dios da indicaciones a Moisés, de levantar una serpiente de bronce en un asta. Si alguien era mordido por una serpiente venenosa, será sano con tan solo mirar ésta figura de bronce.

divina. Este mismo símbolo es reinterpretado en el Nuevo Testamento como una figura de Cristo en la cruz (Juan 3:14 – 15)[22]

**Las Escrituras**

Antes de considerar la semiótica en la iglesia, es importante también notar la semiótica en las escrituras, pues a partir de una interpretación, con base en las premisas de la semiótica eclesial (que se presenta en este libro), se establecen dogmas. Existen muchos ejemplos muy específicos, como cuando, Dios le dijo a Moisés que levantara una serpiente de bronce y aquellos que habían sido mordidos por las serpientes, serían sanados, tan solo, si la mirasen.

> *Y Jehová dijo a Moisés: Hazte una serpiente ardiente, y ponla sobre un asta; y cualquiera que fuere mordido y miraré a ella, vivirá. Y Moisés hizo una serpiente de bronce, y la puso sobre un asta; y cuando alguna serpiente mordía a alguno, miraba a la serpiente de bronce, y vivía (Números 21:8-9)*

Esta dimensión simbólica que encontramos en la Escritura y en la práctica eclesial es más que estética o decorativa. Es una forma profunda de comunicación espiritual. Cada gesto, cada objeto usado en la adoración tiene un peso comunicativo que apunta a realidades espirituales más allá de lo tangible. En este sentido, la Iglesia está llena de signos que son entendidos no solamente por la razón, sino también por la fe.

Por eso es importante reconocer que el símbolo en la vida cristiana

---

[22] En éste pasaje se refiere a la comparación de la historia en Números 21:8-9 y el sacrificio de Jesucristo.

no debe trivializarse. *El signo debe conservar su fuerza, su reverencia, y su vínculo con lo trascendente.* Cuando el signo se vacía de contenido o se vuelve mera costumbre, pierde su poder formativo. En cambio, cuando se interpreta y se vive con profundidad, puede ser una herramienta poderosa para la enseñanza y la transformación espiritual.

Una comunidad que comprende sus signos puede fortalecer su identidad espiritual. La interpretación correcta de estos símbolos no requiere estudios especializados, sino sensibilidad espiritual y una disposición a reconocer la acción divina en lo cotidiano. El agua del bautismo, el pan y el vino de la Cena del Señor, el óleo, el púlpito, incluso la arquitectura del templo, todos ellos son vehículos de sentido que remiten a lo eterno.

En el marco pentecostal, estos signos son aún más dinámicos. El mover del Espíritu no solo se experimenta, sino que se representa: en los cantos espontáneos, en las oraciones fervientes, en los testimonios públicos. Cada uno de estos actos es un signo que narra la historia de la fe vivida y compartida por la comunidad.

El liderazgo eclesial debe estar consciente del poder formativo del signo. El predicador no solo comunica con palabras, sino también con gestos, entonaciones, silencios, movimientos. Cada uno de estos elementos puede convertirse en un signo poderoso que fortalezca o debilite el mensaje. Por eso, una semiótica consciente y espiritual es fundamental para el ministerio pastoral.

Una iglesia que sabe interpretar sus signos, y que además es capaz de resignificarlos cuando es necesario, es una iglesia viva. El símbolo nunca debe ser idolatrado, pero sí debe ser valorado como medio de revelación. La semiótica en la iglesia, por tanto, no es solo una herramienta académica, sino una vía para comprender la manera en que Dios se comunica con su pueblo.

En cuanto a la semiótica de la representación física de elementos que, previamente, han sido significados (pero aún más dignificados) las iglesias que celebran rituales y adoran a santos, son un ejemplo de ello.

La semiótica de los símbolos religiosos se traduce como una celebración y adoración de los mismos, otorgándoles determinados dones y habilidades. Un ejemplo más explícito de ello es la Dulía, Hiperdulía, Protodulía, que diviniza figuras humanas, a partir de una interpretación semiótica sujeta a dogmas, previamente interpretados por un concilio, más adelante hablaremos sobre ello.

> *Dulía*: Es aquel culto que se le rinde a los santos y los ángeles
> *Hiperdulía*: Es el culto a la virgen María, según la significación que le fue conferida.
> *Protodulía*: Es el culto a José como padre terrenal de Cristo. [23]

---

[23] Tanto, dulía, hiperdulía, protodulía mantienen algo en común, el hecho de que es totalmente imposible realizar un interpretación del signo al cual se está adorando, o venerando. En ese sentido, al momento que el individuo realiza "hiperdulía", no hay una diferencia entre las otras dos, puesto que la misma "potencia" o "fuerza" humana se ejerce de cualquier forma.

*Semiótica Eclesial*
# El Signo de Cristo y el arte humano; una interpretacion semiotica al arte religiosa.

Durante muchos años, tanto iglesias como las católicas romanas u ortodoxas, han optado por la utilización de imágenes que representen a santos cristianos. En el caso concreto de la iglesia católica romana consideran otorgar un valor semiótico con una carga divina a la imagen representada. Ésto genera una problemática, puesto que para que ésa imagen, o figura que representa algo divino, necesariamente debe ser creado por alguien divino para que su esencia divina no sea corrompida.

Esto surge (las imágenes religiosas con una carga interpretativa divina) a partir de una interpretación de la semiótica de los símbolos religiosos, (en este caso personas) otorgándoles divinidad, en inconformidad con las escrituras.

En lo que sí podríamos estar de acuerdo es que, se trata de "arte", y más allá de ello, sería verdaderamente impensable. Es decir, no es posible otorgar un valor divino a una figura o imagen (representación de algo en el cielo)

Para comprenderlo debemos de considerar que el arte es humano y ésta no tiene y no puede tener carácter divino, es decir, el hombre no puede generar divinidad (o potencial divinidad) con su creatividad, en ese sentido el "signo" representado en ése arte es meramente humano, y tiene su significado por el hombre mismo.

La imagen de Cristo mismo, no es hecho por hombres, es decir, la idea o creación de su imagen corporal, no es ni será hecho por el hombre, ni su significado. Ni como desarrollo teológico, ni filosófico, Cristo mismo tiene un significado por Él mismo (verdaderamente Dios, verdaderamente Hombre) por lo tanto, el signo que representa Cristo mismo trasciende todo lo teológico y filosófico y se mantiene como un signo increado.

Por ello mismo, el arte e iconografía que aludan a Cristo, no pueden, ni tienen la capacidad de representar a Cristo, por tanto, ésa imagen hecha por hombre es creación humana, mientras que el signo de Cristo es increado, por ello no debe representar "de hecho" la presencia misma de Cristo, sino una representación humana de lo increado, divino y de lo cual su significado está lejos de nuestra humanidad pero cercano en el espíritu. Otorgarle un valor divino, al signo humano, solo por considerar que se trata de una imagen de lo increado, no puede contener ningún peso de divinidad. Como tampoco podría dibujar cien dólares en una hoja de papel para comprar las necesidades del hogar.

Todo arte humano es un signo humano, por lo cual, su significado debe estar en el hombre, no puede estar en algo divino..

**Arquitectura**
Otra parte de la semiótica en la iglesia es la arquitectura. En esto, desde protestantes hasta católicos, no existe un problema de su uso u omisión, es decir, tanto unos como otros, podrían optar por el uso de elementos arquitectónicos para mostrar aspectos religiosos, u omitirlos. Sin embargo, existe un impacto mayor, socialmente, de aquellas iglesias cuyas características arquitectónicas son "sacras". Este impacto, aunque no representa nada en cuanto a la salvación del individuo, permanece en la conciencia como un resultado significante. La arquitectura sacra no podríamos decir, que exactamente es la que todas las iglesias

deberían utilizar. Sin embargo, por otro lado, las iglesias modernas han optado por el uso de una arquitectura más simple, minimalistas y austeras, un estilo norteamericano, cuadrático.
Si bien es cierto la arquitectura, no tiene un impacto en los fieles, la realidad es que sí *en la cultura.*

El mundo está culturizado según las interpretaciones que eventualmente se están dando. Y estas aunque no tienen un propósito de salvación si pueden tener contenido bíblico. La arquitectura sacra no aleja de la maldad a la iglesia, pero se distingue de entre las demás.

En una ocasión tuve la oportunidad de ir a una iglesia cristiana pentecostal, cuyas características arquitectónicamente eran destacadas, las puertas eran grandes, de manera, un altar amplio y un eco que cuando caminábamos se escuchaba en todo el lugar. Al salir, estaba despidiéndome y a unos metros, veía a un hombre caminando por la banqueta, se detuvo a metros de distancia de la iglesia y se persignó. Cuando vi eso, le dije a alguien que estaba cerca de mí, ¿viste eso?, a lo que me respondió "muchos lo hacen; aunque saben que no es católica romana, lo hacen por respeto". Fue allí cuando me llamó la atención, el impacto que la imagen de una iglesia puede ocasionar a la cultura social.

## Arquitectura Pentecostal

La arquitectura pentecostal no ofrece una significación de lo que intenta predicar. Más bien y en algunos casos es indiferente la necesidad del uso de elementos arquitectónicos que puedan significar una interpretación bíblica por las implicaciones que esto podría ocasionar. Tal y como previamente he comentado, muchas veces las grandes arquitecturas sacras pudiesen asociarse a un tipo de santidad terrenal, esto no lo digo en el sentido de que tenga un tipo de divinidad diferente, sino que es interpretado por miembros y visitantes como "santo" o "divino". Dotando de características especiales que producirían con total acierto (humanamente hablando) frases como "estamos en la casa de Dios". Naturalmente, no existe un hogar o un sitio en este mundo al cual pudiéramos llamar "casa de Dios" además de nuestro corazón, sin embargo, esta frase se adapta bien por las sensaciones humanas que produce determinados templos.

Uno de los templos cristianos pentecostales, que personalmente me encantaría visitar, es Kensington Temple Church en Londres, Reino Unido. Una iglesia pentecostal con una hermosa estructura. Según la información que se obtiene sobre el templo, fue fundado como capilla de una iglesia presbiteriana de Hornton Street, Notting Hill, en 1849. Sin embargo, fue comprado en 1930 por George Jeffreys fundador de las iglesias pentecostales Elim[24] en Reino Unido.

---

[24] Una de las organizaciones pentecostales de Reino Unido más importantes, con grandes y prestigiosos centros educativos como el Regents Theological College

*Semiótica Eclesial*

Imagen de: Danilo D'Onofrio (2022) Google Maps[25]

La iglesia es una maravilla arquitectónica, y podríamos decir que una parte, (quizá una muy mínima) de su evangelismo, es visual. Uno de los puntos más grandes del catolicismo para atraer a personas a sus iglesias, es la magnificación a la ceremonia y la grandeza que significa lo monumental del sitio. En una ocasión escuché en alguna entrevista que se le hizo a un arquitecto, que para la construcción de iglesias es necesario que tengan un techo alto, es decir, que sean realmente grandes o al menos, que quienes entren, sientan que están entrando a un lugar con dimensiones no habituales. Esto está relacionado con Dios, su divinidad y eternidad. Nosotros entendemos a Dios por lo grande, e incontenible que es, y cuando entramos a una iglesia católica lo

---

[25] Imagen obtenida de https://www.google.com/maps/contrib/112421857196270847759

que vemos es eso mismo, agregando, por supuesto, bellísimas obras de arte en la cúpula que asemejen al cielo y representen a algunos ángeles volando. Esto, agregando el eco que produce, necesariamente surge la necesidad del "silencio", volviendo el sitio lo más sacro posible.

La iglesia pentecostal Kensington Temple Church, es una iglesia, exteriormente magnífica, ofrece a la persona que necesita de cristo un mensaje pentecostal en su interior, pero su exterior es un diseño que no solo socioculturalmente nos invita a conocer, sino que le otorgamos una mayor exaltación (sin banalizar la palabra) por sobre cualquier otra iglesia. Es decir, uno de los métodos evangelísticos semióticamente hablando, es precisamente su arquitectura y la interpretación que, estando geográficamente en uno de los lugares más frecuentados para visitar (Londres), ofrece a quienes son visitantes o locales; y al adentrarse en Kensington Temple Church, se encuentran con una iglesia con un grupo musical, un pastor con una doctrina pentecostal, y una iglesia que busca del Espíritu Santo, su llenura y manifestación en las vidas.

### Fray Gabriel de la Mora[26] (Arquitecto católico)

La arquitectura católica es un ejemplo del uso de elementos específicos para dar una interpretación clara sobre un tema. Los católicos romanos tienen, ciertamente, necesidad de contar con una interpretación específica por las imágenes que, según su doctrina, tienen divinidad o poderes sobrenaturales que afectan en las vidas de los seres humanos. Algo que el pentecostal y todo cristiano evangélico no cree; sin embargo, esto no omite que el uso

---

[26] Fray Gabriel de la Mora (1929-2022) se dedicó a la arquitectura sacra, sus trabajos fueron realmente espléndidos. Recibió el premio nacional de arquitectura en 2020.

de la arquitectura como método de evangelismo semiótico sea digno de reconocer. Muchas iglesias cristianas han replicado esto, tal y como hemos destacado; sin embargo, quitando la adoración y/o veneración a imágenes.

Una figura que podríamos considerar importante para destacar el trabajo de la religión en la arquitectura es el Fray Gabriel de la Mora. Arquitecto quien se ha destacado como un renovador de la arquitectura religiosa en las iglesias católicas. Su trabajo minimalista ha sido ocasión de elogios. Sus trabajos arquitectónicos van desde el Reino Unido, Europa, Estados Unidos, México y otros. Aunque su trabajo ha sido minimalista y austero, como en ocasiones lo ha dicho, es importante destacar que las partes más fundamentales de la arquitectura religiosa, logran sobresalir, como los lugares amplios que ayudan a dar un aire de grandeza. Este punto lo veremos en una iglesia

## La arquitectura y la teología

De mi parte, creo que la arquitectura religiosa, no tiene un efecto en la salvación, lo cual es mayoritariamente importante. Pero su significación semiótica en las personas, de manera cultural, impacta significativamente. Logra tener un verdadero impacto sociocultural. La posibilidad de generar un impacto con la imagen, como lo hacen las iglesias luteranas, presbiterianas, metodistas, incluso algunas pentecostales, como la que previamente mencioné, llegan a tener un impacto en la percepción del significado de *"cultura"* en el individuo. La iglesia católica, a diferencia de las iglesias protestantes, no solo considera la arquitectura como algo importante socialmente hablando, sino que busca, en la autoridad que a sí misma se ha impuesto, trasladar lo divino a lo terrenal por medio de arte, independientemente de las interpretaciones iniciales es de esta. La iglesia católica no solo ofrece un acervo cultural arquitectónico sino artístico. Tan solo apreciar los monumentos, u obras de arte en lugares como la Capilla Sixtina, cualquier persona queda impresionado con tales obras de arte.

Este acercamiento a las personas por el arte y arquitectura podría ser considerado algo bueno, pero desde la perspectiva católica lleva la significación del arte a un nivel de divinidad.

Si bien es cierto, que las iglesias protestantes no tienen un conflicto sobre la utilización de elementos artísticos en sus recintos religiosos, a estos, la iglesia protestante, no se les otorga un nivel de santidad o superioridad. El motivo por el cual el protestante no le otorga este tipo de nivel espiritual a algo creado es porque no hay nada en este mundo que pueda ocupar el lugar de Dios y/o contenerlo. Cuando hablamos de dar un significado a algo sea artístico o dogmático (la ostia/transubstanciación) podríamos hablar que el hombre es quien tiene la autoridad final por sobre Dios, esto en el protestantismo es inaceptable, de aceptarlo el signo eterno de Dios puede ser modificable según conveniencia humana. Pero las escrituras dicen:

> *"El Dios que hizo el mundo y todas las cosas que en él hay, siendo Señor del cielo y de la tierra, no habita en templos hechos por manos humanas" (Hechos 17:24 rv60)*

*Si nosotros pensáramos por un momento que Dios habita en templos hechos por hombres, estaría de acuerdo en rediseñar todas las iglesias protestantes, incluso las pentecostales, con sus pantallas y luces, pero nosotros no podemos dar un significado divino a algo creado por nosotros.*

*Semiótica Eclesial*

*M. Emanuel Ceniceros*

# MÉTODO
## SEMIÓTICO
# ECLESIAL
## CON ENFOQUE PENTECOSTAL

# IV. PREMISAS DE LA PROPUESTA SEMIÓTICA ECLESIAL I

## [MÉTODO DE SEMIÓTICA ECLESIAL | INTRODUCCIÓN]

La propuesta de una semiótica eclesial parte de la convicción de que la Iglesia es un cuerpo simbólico viviente. Todo en ella comunica: la liturgia, el culto, los símbolos, los lenguajes verbales y no verbales. Esta primera premisa sostiene que la Iglesia está llamada a ser un sistema de signos orientados por la acción del Espíritu Santo.

Desde esta visión, la Iglesia no solo interpreta signos, sino que es un signo en sí misma. Su testimonio público, su vida comunitaria y su presencia en el mundo están marcados por una red de significaciones espirituales. Esta premisa desafía al liderazgo eclesial a considerar cada gesto, espacio y forma como portadores de sentido teológico.

La semiótica eclesial, por tanto, no es una técnica externa, sino una forma de leer y vivir la fe desde el interior del cuerpo de Cristo.

Es importante considerar que el Método Semiótico Eclesial, considera la interpretación de la iglesia en general, es decir, todas aquellas actitudes, cambios importantes y exacerbaciones manifestadas. Ciertamente, la palabra "semiótica" refiere al signo y su interpretación, lo cual no estaría en conflicto con lo dispuesto a continuación. Pues todo lo desarrollado dentro de la iglesia, su religiosidad y espiritualidad es semánticamente interpretable. Por muchos es considerado complejo, por causa de que se refiere a acciones y atribuir a alguien invisible. Es en este punto donde el MSE aparece para ofrecer una clara interpretación interna a las interpretaciones externas de la iglesia. En este podrán leer algunos puntos dogmáticos, pero todo esto es necesario para entender la interpretación de la religión.

La Semiótica Eclesial (corporativa) considerará varias premisas para, a partir de lo expuesto por Ferdinand y Peirce, proponer un método adecuado a estas necesidades "el Método de Semiótica Eclesial. Este modelo agrega dos agentes externos, que coadyuvan a la interpretación interna (dadas las características) para su comprensión corporativa.
El modelo que he propuesto, surge de esta misma necesidad de contar con una base, lógica y simple para comprender, el uso de la semiótica en la iglesia. Los agentes externos agregados son: *Conocimiento y Concilio,* entes mediadores, en tanto la interpretación personal, (en primer lugar) y el concilio, por cuanto la necesidad de tener una armonía en su doctrina (en segundo lugar).

## Semiótica Eclesial

El modelo de semiótica eclesial se representa de la siguiente manera:

[SIGNO]

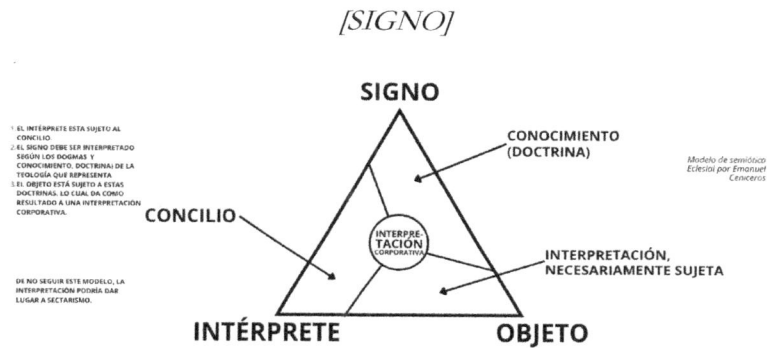

Imagen: Semiótica Eclesial [1] M. Emanuel Ceniceros[27]

Anteriormente, en la representación de Peirce, notamos que existían tres elementos: signo, intérprete y el objeto, y realmente tiene mucho sentido, por tanto, la interpretación del signo, para dar lugar a un objeto con un significado específico es a partir de la conceptualización personal de las cosas; una interpretación subjetiva, que el individuo, naturalmente, logra establecer. Este sentido es muy lógico, pues parte de la necesidad de otorgar un análisis del proceso de la semiótica (podría decir personal), el significado que el individuo le otorga a determinados signos.

En cuanto a la semiótica religiosa (la cual yo podría definirla como corporativa) busca estar "en esencia" sujeta. Es parte de la naturaleza de la misma; no como sumisión, sino por la necesidad de otorgar una respuesta clara. A continuación otorgaré las premisas de este modelo:

---

[27] Propuesta [Imagen 1] de Semiótica Eclesial (o semiótica corporativa) Figura conceptual, no definitivo.

1. El **intérprete** está sujeto al Concilio.
2. El **signo**, debe ser interpretado según los dogmas y conocimiento (doctrina) de la teología que representa.
3. El **objeto** en cuestión.
4. Esto da como resultado una **Interpretación Corporativa**.[28]

Esto significará una respuesta en la interpretación de aspectos importantes en sus dogmas, para tener una concordia.

Por otro lado, el modelo de Ferdinand, ayuda significativamente al proceso de su interpretación. A continuación se adjunta la representación gráfica del modelo de semiótica eclesial, con base en el modelo de Ferdinand.

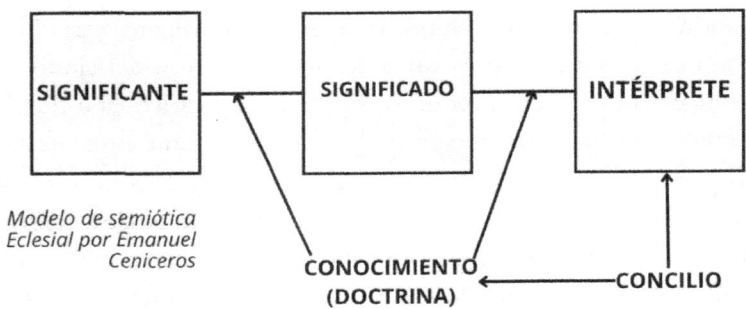

*Imagen: Semiótica Eclesial [2] M. Emanuel Ceniceros*[29]

Este otro diagrama muestra de una manera un poco distinta; sin embargo, con mucha claridad y en concordancia con el anterior;

---

[28] La interpretación corporativa se sujeta a la *Sola Scriptura*, por lo que la biblia es la base primaria para su establecimiento.
[29] Propuesta [Imagen 2] de Semiótica Eclesial (o semiótica corporativa)

## Semiótica Eclesial

como el conocimiento (experiencia [*Delphi*[30]], tradición) y el concilio tienen una parte importante en el manejo de la interpretación del significado (en este caso).

Además de considerar el concilio y el conocimiento para la semiótica eclesial, es relevante que las escrituras sean la base fundamental para ello. De lo contrario (como previamente lo hemos visto) puede fracasar.

Las escrituras son la base principal del cristianismo, es nuestra única regla de fe y de conducta,[31] por ello no solo es fundamental considerarla, "es el todo".

## SEMIÓTICA COMBINATORIA LULIANA

Uno de los principales referentes de los estudios; en el análisis de la lingüística y semiótica a partir de concepciones religiosas que parten de un conocimiento escolástico, fue Ramon Llull, también conocido como Raimundo Lulio (1232-1315).[32]

Lulio fue un misionero, teólogo, y un estudioso autodidacta. Según Beuchot, en su breviario, Semiótica; teorías del signo y del lenguaje, donde enlista grandes padres y precursores de la semiótica, detalla que "en 1273, mientras se encontraba en oración, en el monte Randa, se le reveló que tenía que trabajar por la

---

[30] En el Método Semiótico Eclesial (2.ª premisa) detallo este punto y el motivo del uso de la "interpretación Delphi"
[31] 2 Timoteo 3:16-17
[32] Teólogo, religioso, científico, y responsable de la semiótica combinatoria

conversión de los árabes y judíos, para ello sé le daba un arte prodigioso, el *"ars magna"* (Beuchot M. 2004. P62)[33]. Sería esta *"ars magna"* la que mostrará el estudio de una semiótica a partir de una interpretación, no solo lingüística, sino con la injerencia (a voluntad plena por parte de Lulio) de una entidad Divina. Logrando así encontrar la verdad de las verdades; como si se tratase de una apologética muy bien pensada.

Esto es importante a considerar, ya que nos da una percepción del uso de la semiótica a partir de un pensamiento eclesial, y por supuesto, con mucha influencia de otras mentes como Aristóteles o Platón. La manera en que Lulio ha demostrado su semiótica combinatoria es muy interesante, puesto que gira en torno a la mente, pero también a la interpretación divina.

El método semiótico eclesial que previamente hemos presentado, no tiene estas características, pues damos por hecho que naturalmente hay una *injerencia divina necesaria*, pero esta no permanece en las cosas, sino en el individuo. Es el individuo quien a partir de una interpretación determinada, según los dogmas, el conocimiento y el concilio, logra definir una verdad absoluta al cuerpo eclesial, conformado por líderes primarios, secundarios, ministros y feligreses.
Una de las cosas interesantes del método semiótico eclesial, es que gracias a esta, podemos determinar que religión (doctrina) es correcta o incorrecta, pues tener como base estructural al "concilio" inevitablemente nos evoca a la historia de la cristiandad en los concilios ecuménicos. Tomando lo necesario y que bíblicamente pueda ser comprobado, puesto que, la autoridad

---

[33] Beuchot M. (2004) La Semiótica; Teorías del Signo y el Lenguaje. P62, Fondo de Cultura Económica.

máxima es *"las escrituras"*. Esto es fundamental considerarlo en el mundo pentecostal, ya que existe una necesidad de fortalecer nuestra doctrina con bases claras y firmes. Previamente, tocamos ese tema, y determinamos que es crucial para un credo, una interpretación colectiva, fundamentada en una doctrina absoluta. Algunos mencionan "sana doctrina", yo no quisiera optar por esa expresión, aunque indirectamente podríamos llegar a ello, pero de lo que sí podría establecer es que es absoluta. Si consideramos que la concepción de Dios mismo, sus pensamientos (los cuales son entendibles, humanamente) y que aún hay muchas áreas que deben ser descubiertas y en muchos casos redescubiertos, creo que la palabra correcta podría ser esa misma "absoluta".

## La Eclesialidad Semiótica de la Iglesia Corporativa

La función primordial del símbolo eclesial radica en su capacidad para desvelar una verdad divina, una realidad trascendente que se manifiesta de manera tangible en la experiencia vivida de la comunidad creyente. En el seno de la Iglesia, cada acto colectivo – ya sea la elevación de una oración unánime, la entonación de cánticos de alabanza, la proclamación de la Palabra revelada o la ejecución de obras inspiradas en el espíritu de Cristo – constituye una encarnación de signos. Estos signos, lejos de ser meros formalismos, actúan como indicadores que señalan hacia la inefable realidad del Reino de Dios, anticipando su plenitud y manifestando destellos de su presencia en el aquí y ahora. De esta manera, la primera premisa fundamental de la semiótica eclesial se erige sobre una base sólida e innegable: ninguna acción emanada de la Iglesia puede ser considerada vacía de contenido semiótico. Cada gesto, cada palabra, cada silencio dentro del contexto eclesial porta consigo un significado intrínseco, una carga simbólica que contribuye a la construcción y comunicación de la fe.

Esta perspectiva semiótica de la vida eclesial conlleva una profunda responsabilidad espiritual, especialmente para aquellos que ejercen roles de liderazgo y ministerio dentro de la comunidad. Los ministros, los pastores, los ancianos y todo aquel que guía al pueblo de Dios deben poseer una aguda conciencia de los signos que transmiten de manera constante, tanto a través de la elocuencia de sus palabras como de la elocuencia silenciosa de sus actitudes y comportamientos. Es imperativo comprender que la totalidad de sus acciones, desde las más explícitas hasta las más sutiles, comunica teología, moldea la comprensión de Dios y del mundo espiritual en la congregación y hacia afuera. Una iglesia pentecostal que internaliza esta verdad semiótica se encuentra en una posición privilegiada para discernir y reformular sus prácticas. Esta reformulación no surge de una mera adaptación a las presiones culturales o a las tendencias pasajeras, sino de una convicción profunda de fidelidad al Espíritu Santo, quien continuamente da forma y guía a la Iglesia en su peregrinaje terrenal. La sensibilidad a los signos permite a la comunidad discernir la voluntad de Dios y alinear sus expresiones cultuales y prácticas con la esencia del Evangelio.

El reconocimiento de la Iglesia como un signo visible de la presencia y el propósito de Dios para el mundo redefine radicalmente su misión fundamental. La tarea de la Iglesia trasciende la mera proclamación verbal del mensaje cristiano; implica inherentemente ser una expresión tangible, visible y palpable de lo invisible. La comunidad de fe, en su unidad, en su amor fraterno, en su servicio desinteresado y en su compromiso con la justicia, se convierte en una parábola viviente del Reino.

*Semiótica Eclesial*

Esta manifestación visible de los valores y principios del Evangelio es la esencia misma de la primera premisa de la semiótica eclesial: la Iglesia comunica el mensaje divino no solo con palabras, sino fundamentalmente con su ser y su quehacer en el mundo. Su propia existencia como comunidad transformada es un testimonio elocuente del poder redentor de Dios.

*M. Emanuel Ceniceros*

# V. PREMISAS DE LA PROPUESTA SEMIÓTICA ECLESIAL II

## [MÉTODO DE SEMIÓTICA ECLESIAL | IMAGEN CLARA]

Es importante destacar que la semiótica tiene mucha presencia en la "imagen", y es algo obvio, puesto que una interpretación de signos, alude necesariamente a una imagen clara y definida que evoque emociones en nuestra conciencia a partir de lo que pudiéramos considerar de dicho signo. Esto, necesario, llevó a la posibilidad de rediseñar el método semiótico eclesial, agregando algunos aspectos importantes de la interpretación.

## Semiótica Eclesial

Algo que en la religión (generalmente) tiene son imágenes. Esto tiene mucho más énfasis en la iglesia católica, quienes optaron por dotar de una superioridad a la representación de la imagen. Es decir, el signo tiene una cualidad que supera nuestra naturaleza, por lo cual, la interpretación de la imagen religiosa en el contexto católico es necesariamente divina. Algo que en el mundo protestante es imposible de aceptar. La estructura de este método (método de la imagen clara; semiótica eclesial) se muestra de la imagen

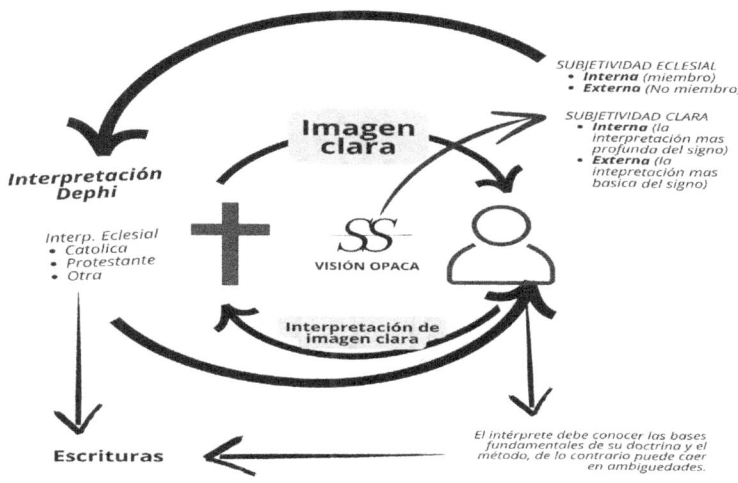

Imagen: Método Semiótico Eclesial; Imagen clara. *M. Emanuel Ceniceros*[34]

---

[34] El Método Semiótico Eclesial de la Imagen Clara parte del método semiótico convencional, pero enfocado en las imágenes y lo visual, e incluso en la liturgia; aquello que tiene un mayor significado, por lo cual elevamos a un nivel supletivo con características divinas. En algunos casos "representación" sin significado mayor.

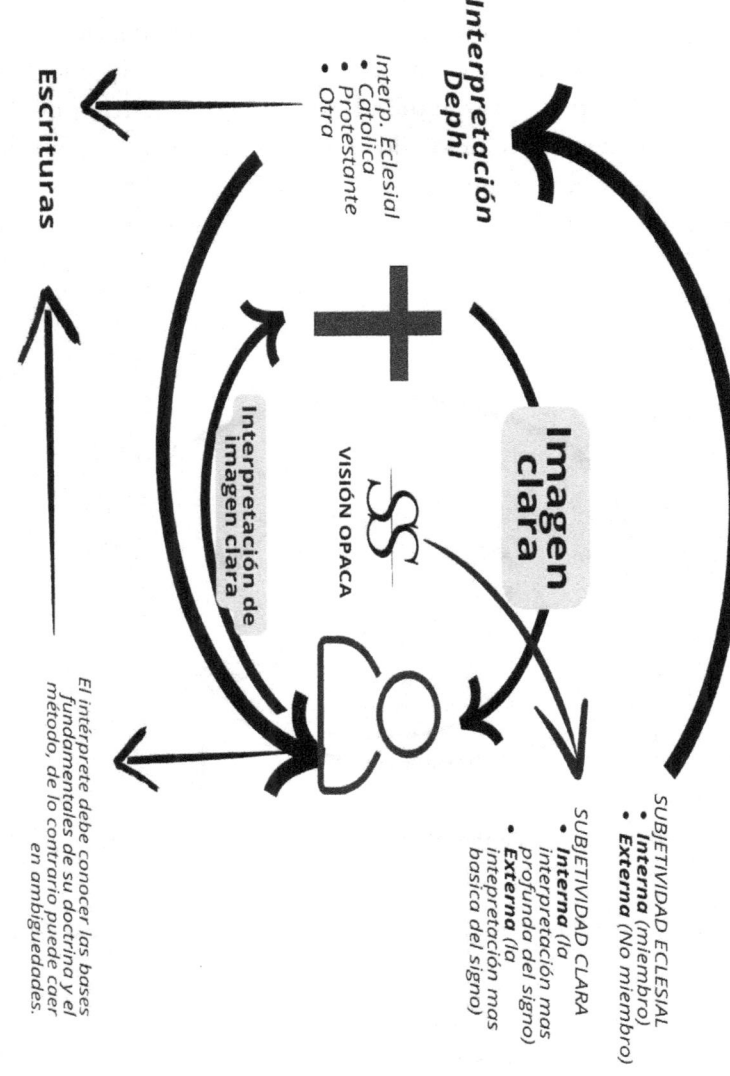

## Partes del MSE Imagen Clara

En la imagen que representa el método notamos distintos conceptos de los cuales a continuación explicaremos:

## Imagen Clara

En el centro del Método Semiótico Eclesial (MSE) se encuentra la *Imagen Clara*. Este concepto representa aquel signo o elemento simbólico que se encuentra presente en el entorno litúrgico, cultural o comunitario, y que demanda ser decodificado para descubrir su sentido. La Imagen Clara puede ser un objeto físico, una acción ritual, una expresión verbal o un gesto con carga teológica. Lo que caracteriza a la Imagen Clara no es su forma material, sino su capacidad de evocar significado dentro de un contexto eclesial determinado. Este signo no existe en el vacío: está insertado en una red de significaciones que requieren interpretación desde la fe.

## Interpretación de la Imagen Clara

La interpretación de la Imagen Clara es el proceso por el cual un individuo da sentido a dicho signo a partir de su propio marco referencial: experiencias personales, contexto social, formación doctrinal y elementos externos. Sin embargo, esta interpretación no ocurre de forma aislada. Está condicionada por la interacción con fuentes de autoridad —como las Escrituras—, el consenso comunitario, y la enseñanza eclesial. Una interpretación genuina surge cuando todos estos elementos confluyen para permitir una lectura espiritualmente edificante y teológicamente fiel del signo en cuestión.

### Visión Opaca

La Visión Opaca representa las interferencias hermenéuticas que surgen desde la subjetividad no regulada. Se trata de un fenómeno común, donde la experiencia personal o el fervor emocional distorsionan el significado del signo. Por ejemplo, una persona puede atribuir a una cruz propiedades milagrosas intrínsecas, no porque las Escrituras así lo enseñen, sino porque su entorno o autoridad local así lo ha afirmado. En este caso, el símbolo se absolutiza, convirtiéndose en un objeto de poder más que en un signo que remite a Cristo. La Visión Opaca oscurece el sentido espiritual al imponer una lectura desconectada de la revelación y la comunidad.

### Interpretación Delphi

Inspirado en el método Delphi de la investigación cualitativa, este concepto traslada la idea de interpretación colectiva e informada al ámbito eclesial. La *Interpretación Delphi* en el MSE hace referencia al discernimiento conjunto realizado por los líderes espirituales, consejos pastorales, sínodos o asambleas teológicas que actúan como guías en el proceso interpretativo. En la tradición católica, esto corresponde al magisterio; en la protestante, a los pastores y ancianos que ejercen un rol de autoridad hermenéutica. Esta interpretación busca ofrecer claridad, equilibrio y madurez, protegiendo a la comunidad de interpretaciones aisladas o erradas.

### Subjetividad

La Subjetividad es el conjunto de experiencias, emociones, convicciones y filtros personales que el intérprete lleva consigo. En el MSE, la subjetividad no es negada ni despreciada, pero debe ser sometida al juicio de la *Interpretación Delphi* y, en última instancia, a la autoridad de las Escrituras. La subjetividad debe encontrar su cauce en la comunidad y en la tradición interpretativa de la iglesia, para evitar derivaciones doctrinales o prácticas que resulten peligrosas o heréticas.

## Escrituras

Finalmente, las *Sagradas Escrituras* constituyen el eje regulador de todo el proceso interpretativo. Tanto la subjetividad del intérprete como la interpretación colectiva (Delphi) deben estar subordinadas a la Palabra de Dios. Si una lectura simbólica, por más emocionante o tradicional que sea, contradice la enseñanza bíblica, debe ser corregida o rechazada. El MSE afirma que solo la Escritura puede garantizar una interpretación sana y espiritual del signo eclesial. Por ello, ella es la norma normans (norma que norma) de toda semiótica eclesial auténtica.

*M. Emanuel Ceniceros*

# VI. PREMISAS DE LA PROPUESTA SEMIÓTICA ECLESIAL III

[MÉTODO DE SEMIÓTICA ECLESIAL | ESTRUCTURA WESLEYANA]

La estructura del método semiótico eclesial tiene un sentido fundamentalmente wesleyano, en el sentido de que en sus bases (concilio) se adhiere todo lo que contiene el cuadrilátero wesleyano. El cual ayuda de manera significativa al pentecostal a regresar a los padres de la iglesia; considerar las primeras precisiones a los temas cuestionados y/o que pudiesen ser una amenaza a la religiosidad pentecostal.

**¿Por qué es necesario considerar lo establecido por Wesley?**
Creo que los pentecostales clásicos estarán de acuerdo, la mayoría de ellos se identifican como arminianos/wesleyanos; sin embargo, este conocimiento muchas veces solo permanece en ciertas áreas y no en el "cristiano de a pie", el cual está en lucha constante; en su

## Semiótica Eclesial

trabajo, en su día a día, y que eventualmente, por diversas circunstancias que rodean su vida, podrían hacerle caer. En este sentido, es de mucha mayor importancia ofrecerle a ellos la herramienta, no solo práctica y teórica, sino visual, del método semiótico eclesial.

El cuadrilátero wesleyano como parte de nuestro acervo cristiano histórico, es fundamental para tener un conocimiento al respecto, de esta forma lograr dar un sentido claro a nuestra interpretación teológica sin divagar en nuestras propias interpretaciones.

**Cuadrilatero Wesleyano**

| Escritura | Tradición |
|---|---|
| Cuadrilátero Wesleyano | |
| Experiencia | Razón |

*Cuadrilátero Wesleyano postulado por John Wesley*[35]

---

[35] El Quadrilateral Wesleyano, diseñado por John Wesley, es una herramienta, generalmente utilizada por nuestros hermanos Metodistas, para su quehacer teológico. Tiene gran importancia para la iglesia cristiana en general por la practicidad que éste representa.

El cuadrilátero Wesleyano cuenta, naturalmente, con cuadro lado, que funcionan en conformidad uno con otro, nunca por separado, ni omitiendo alguno, sino que todos estos elementos de análisis, estudio, es completo en sí mismo, por lo cual debe considerarse utilizar de manera general.

Las partes que componen este cuadrilátero son: **escritura, tradición, experiencia y razón**. Algo muy similar al Método Semiótico Eclesial; sin embargo, en esta ocasión no haremos una comparativa entre uno y otro, sino que adjuntamos estos cuatro puntos metódicos investigativos, a la parte *"conocimiento y concilio"* del MSE, para dar fortaleza a las interpretaciones bíblicas y doctrinales a beneficio de nuestra identidad pentecostal. A esta conjunción de conocimiento y métodos, entre el MSE y el Cuadrilátero Wesleyano es a lo que le llamamos **"Interpretación Delphi"** otorgándonos la oportunidad de tener una mayor amplitud de conocimiento y oportunidad de expandir nuestras herramientas investigativas y metodológicas a fin de interpretar conscientemente y bíblicamente las escrituras y todo aquello que envuelve nuestro cristianismo (religiosidad/espiritualidad)

### Estructura del Cuadrilátero Wesleyano

A continuación detallaremos punto a punto lo que compone el cuadrilátero de Wesley, a fin de conocer su estructura y funcionalidad:

1. Escritura
2. Tradición
3. Experiencia
4. Razón

### ¿Por qué considerar al cuadrilátero Wesleyano?

*Semiótica Eclesial*

Es fundamental reconocer el gran trabajo que John Wesley ha realizado y beneficiado al cristianismo. Hoy por hoy, es conocido como el padre del metodismo; sin embargo, no está separado de nosotros como pentecostales, de hecho, el pentecostalismo comparte mucho de la visión wesleyana y es importante en ese sentido tomarlo como una parte fundamental. Ésta (cuadrilátero de Wesley) al ser una herramienta metodológica externa, puede ser, o no, utilizada a conformidad de quien use el MSE; sin embargo, siempre se debe tener un análisis sobre ello.

### ¿Por qué es una herramienta metodológica externa?

Podríamos considerarlo como una herramienta externa por el hecho de que aunque tiene bases fundamentales para el análisis y beneficia significativamente, no deja de ser un **segundo método de análisis,** por lo cual. El hecho de considerar el cuadrilátero, es para tener un acercamiento a los distintos métodos de interpretación teológica, adaptable a nuestra cosmovisión pentecostal, pero (a causa del MSE) desde el punto de vista de la semiótica.

Para poder adaptar el cuadrilátero es necesario suprimir las escrituras, puesto que el MSE ya cuenta con este agente externo como "autoridad máxima" en el Método Semiótico Eclesial o Método Semiótico Eclesial Corporativo.

En ese sentido, el MSE, en conjunción con los beneficios del cuadrilátero wesleyano quedaría de la siguiente manera:

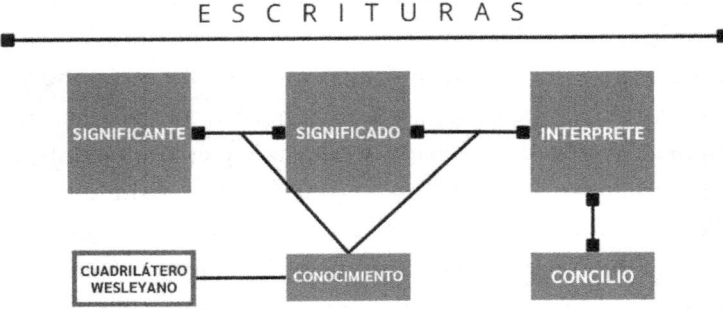

*Imag: Cuadrilátero Wesleyano adjunto al Método Semiótico Eclesial*[36]

En este modelo del método semiótico eclesial podemos notar la importancia y el gran valor que otorga el cuadrilátero de wesley al MSE.

Cada manera de ver la religión o la espiritualidad, es muy particular desde distintos puntos de vista. Desde el pentecostalismo no se puede entender la religiosidad, sin la espiritualidad, pero ademas, éste (MSE) nos muestra que ademas de una religiosidad y espiritualidad, el penteclstalismo nos habla de una conciencia plena de cada una de ellas. Es decir, el pentecostalismo no es algo que a alguien se le ocurrió simplemente, sino que es la comprensión real de la manifestación divina en nuestro tiempo, por lo tanto éste (MSE) no solo acepta

---

[36] Para unir el cuadrilátero al MSE es requerible no adjuntar "escrituras" al cuadrilátero, sino al todo el método, de esa forma, las escrituras seguirán siendo la autoridad máxima.

eso, sino que también proporciona conciencia respecto a lo que se cree.

*M. Emanuel Ceniceros*

# VII. PREMISAS DE LA PROPUESTA SEMIÓTICA ECLESIAL IV

[MÉTODO DE SEMIÓTICA ECLESIAL | PENTÁGONO PENTECOSTAL]

*El pentágono pentecostal es una estructura que tanto puede ser usada solitariamente como en conjunto con el Método Semiótico Eclesial, tal y como se presenta. Este (P.P) surge del análisis de la teología sistemática pentecostal que hoy abrazan los pentecostales clásicos y en concreto Asambleas de Dios.*

### El Pentágono Pentecostal

Un elemento externo del método semiótico y participante importante de este, es el pentágono pentecostal. El Pentágono Pentecostal cuenta con cinco premisas que desde la experiencia logran tener una claridad a la interpretación o interpretaciones religiosas; dando como resultado un sentido lógico de las manifestaciones. Este agente externo del MSE, tiene que estar ligado al elemento denominado "concilio" dado a las características, pues surge, no solo del y para el pentecostalismo sino de Asambleas de Dios. Ciertamente, es parte de su credo, sin embargo, no había existido algo que lo estableciera como y en un método. El MSE logra esto, ofreciendo una fortaleza de las interpretaciones religiosas.

El pentágono pentecostal no es una propuesta personal; sin embargo, lo que sí hice fue darle esta estructura a una mención en la teología sistemática de Stanley Horton, refiriéndose a las experiencias espirituales en el pentecostalismo. Puesto que me pareció necesario por el gran valor del mismo. Además, que "todos ellos son observables en sus conceptos" (Horton, S., 1996. p. 20)[37]
A Continuación visualizamos el pentágono pentecostal

*Imag: Pentágono Pentecostal (2024)*[38]

---

[37] Horton, S. (1996) Teología Sistemática; una perspectiva Pentecostal. Editorial Vida. p. 20

[38] El pentagonal pentecostal es una manera clara y simple de observar lo que el pentecostalismo considera fundamental para sí, esto parte por la necesidad de tener una interpretación aquellas cosas inentendibles como lo son las

El pentágono pentecostal cuenta con cinco lados, la mayoría de ellos relacionados con la interpretación individual de lo espiritual, ya que la "experiencia" en el pentecostalismo es fundamental para vivir la fe cristiana.

## Puntos importantes del Pentágono Pentecostal

El Pentágono cuenta con cinco cuentos, entre los cuales uno de ellos, por causa de la necesidad del Método semiótico, se elimina, pues el Método Semiótico Eclesial ya cuenta con este. Me refiero a **"escrituras"**. Por ello no lo consideraremos, sino que tendremos mayor énfasis con los demás.

### Experiencia personal:

En el pentecostalismo se manifiesta como "*testimonios*", aquellos eventos inexplicables, incluso para la ciencia, pero encuentran un significado claro en lo real. El hecho de que una niña ciega de nacimiento, por la oración de un ministro, haya cobrado la vista, y ese testimonio recorre varios lugares, es motivo de importancia para el pentecostalismo. Genera una pasión mayor al saber que lo que no se ve, es. Es decir, hubo fe. Es aquel donde podríamos hablar de la causa divina, algo que detallo en el capítulo diez de este libro.

Es indiscutible que estos eventos no son aislados, sino que ocurren cuando hay fe. Naturalmente, es incomprensible, es decir, ¿cómo creer algo que no tengo la certeza de que sea cien por cien cierto?, Pero es ahí donde esa experiencia personal logra generar un impacto. Quizá el testimonio, «per se», no logra generar un impacto a alguien no cristiano, pero es la experiencia que logra

---

manifestaciones espirituales como el hablar en lenguas, que desde muchas otras vertientes del cristianismo se omite y condena.

convencer, porque no es lo mismo escuchar el evento por un tercero que de quien le ocurrió.

**Comunicación o comunicación oral:**
La comunicación es una pieza importante para esta anterior, pues no es nada nuevo, de hecho, el movimiento pentecostal nació del estudio y la publicación de los eventos cristianos y manifestaciones espirituales. Hoy en día, a causa del desarrollo en comunicación, no podemos limitarnos a la comunicación oral, sino considerar el uso de los nuevos métodos de la comunicación. En el caso del pentecostalismo, este ha hecho uso de elementos importantes de la comunicación para expandir el reino de Dios. Pero esto no es algo nuevo, sino que lo ha hecho desde que el pentecostalismo existe. Es por ello que la comunicación y/o comunicación oral es parte fundamental del desarrollo de las iglesias pentecostales para lograr un efecto positivo de la audiencia; en creyentes y no creyentes. A fin de mostrar los grandes milagros, e incluso capacitar a nuevos siervos de Jesucristo.

Tal es el ejemplo de la revista "El Evangelio Pentecostal" donde además de testimonios, programas cristianos y campañas, ya se comenzaba a hablar de liderazgo. Por ejemplo, tenemos la edición 45 de 1984 en su página 12, donde Barney K. D. (1984) ya hablaba de liderazgo a la iglesia.

> *"El éxito de Josué dependía de su observancia de la misma Ley por la que había vivido Moisés. El transcurso del tiempo no había disminuido la importancia de guardar la Ley para el pueblo de Dios" (Barney K. D., 1984, p. 12)*[39]

---

[39] Barney K. D. (1984) El Evangelio Pentecostal, Assemblies of God. Ed.45. p. 12. Consortium of Pentecostal Archives.

Esto significa que para ese entonces ya existía una estructura eclesial que requería ciertas herramientas de liderazgo y estas eran proporcionadas a través de esta revista pentecostal. Claramente, la utilización de los elementos de comunicación era fundamental, pero, no era tanto el medio utilizado, sino el propósito de este, por ejemplo, en el caso de Barney, buscaba que las iglesias lograran tener una estructura de liderazgo apropiada y bíblica. El fin último era el efecto ocasionado, más allá del uso de una revista, radio o televisión. Este elemento es la comunicación.

**La espontaneidad:**
Un pentecostal no puede ser "pentecostal" si no se deja guiar por la espontaneidad. Esto no se trata de algún tipo de desorden o aquellos momentos musicales que hoy en día les han llamado "momento espontáneo", más bien, surge de una incesante espera por la manifestación del Espíritu Santo.
Algo importante para el pentecostal es la experiencia espiritual, algo que lo distingue de entre las demás expresiones de fe. Y esta logra ser un ancla ante los desafíos de la modernidad. En muchos momentos de la vida pensamos y cuestionamos temas bíblicos, pero es la experiencia del Espíritu Santo la que se convierte en un ancla ante la intelectualidad solitaria, y no quiero decir que el pensamiento crítico sea inaceptable, pero hay cosas incuestionables, porque ya forman parte de nuestra nueva vida, como el hecho de la existencia de Dios, el alma, el más allá, todos esos temas que podrían ser cuestionados desde el área académica/científica; cuando un pentecostal llega a esos niveles de conocimiento, su ancla siempre será la búsqueda de una experiencia en la espontaneidad espiritual.

*Semiótica Eclesial*

**La preocupación por la otra vida:**
Cristo salva, Cristo sana, Cristo bautiza, Cristo viene. Estas son cuatro premisas del pentecostalismo asambleísta. Algo que lo consideran sus columnas, y estas se encuentran en la **preocupación por la otra vida**, establecida en el pentágono pentecostal. Pues esta preocupación no solo permanece en la conciencia del individuo a fin de salvar su vida, sino en el resto de la humanidad, a fin de proclamar el evangelio. En ese sentido, la preocupación por la salvación, no se encuentra generalmente en el converso a modo de tener una inestabilidad de salvación, sino se encuentra en la responsabilidad cristiana de compartir el evangelio a fin de que otra persona logre alcanzar la vida eterna.

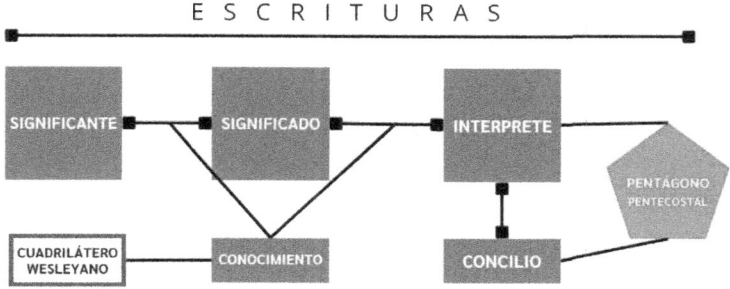

Imag: Pentágono pentecostal y el Cuadrilátero Wesleyano adjuntos al Método Semiótico Eclesial[40]

---

[40] El MSE con el Cuadrilátero Wesleyano y el Pentágono Pentecostal. Por un lado, el C.W. es teórico y el P.P. es práctico, por lo cual es en definitiva completamente compatible si los usamos unificados en el Método Semiótico Eclesial.

*M. Emanuel Ceniceros*

# VIII. EL APÓSTOL PABLO, LOS FILIPENSES Y EL PENTÁGONO PENTECOSTAL

La preocupación por la otra vida es algo que permanece en cada pentecostal. No se trata de un miedo, sino de una necesidad de la búsqueda constante de la santidad. Uno de los pasajes que podríamos considerar para comprender este punto es en filipenses 2:12-13.

> *Por tanto, amados míos, como siempre habéis obedecido, no como en mi presencia solamente, sino mucho más, ahora, en mi ausencia, ocupaos en vuestra salvación con temor y temblor, porque Dios es el que en vosotros produce así el querer como el hacer, por su buena voluntad. (Filipenses 2: 12-13)*

Este pasaje es muy interesante, además, muy leído, muy citado y también un pasaje que lo hemos hasta memorizado y aplicado en diferentes momentos de nuestra vida. Aquí hay algo muy interesante que valdría la pena hablar, porque ciertamente podríamos quizá considerar al leer este pasaje, este versículo 13, algo así como si Dios tuviese una injerencia total en nuestra vida; tuviese una injerencia en nuestra toma de decisiones, por lo tanto, pues habría poca voluntad humana.

Sin embargo, en este pasaje lo que habla es ciertamente que es su buena voluntad, pero es natural y es evidente que todos nosotros también tenemos que formar parte de ese desarrollo, es decir, de aquello que produce, así el querer como el hacer. Ahora bien, este pasaje se ha aplicado en muchos aspectos y en muchos momentos de la vida, para hablar muchas cosas; sin embargo, yo quisiera que entendiéramos el contexto de este pasaje. A "contexto" me refiero, la situación social.

Primero que nada hay que comprender en qué momento de la historia se encontraba la iglesia en ese tiempo. El apóstol Pablo se encontraba preso y enviaba cartas. Envió esta carta a los filipenses, creo que fue una de sus últimas cartas. Y nótese que el apóstol Pablo hablaba mucho, ya en las últimas cartas, del amor de Cristo y de la salvación, el versículo 12 dice lo siguiente:

> *Por tanto, amados míos, como siempre habéis obedecido, no como en mi presencia solamente, sino mucho más, ahora, en mi ausencia, ocupaos en vuestra salvación con temor y temblor, porque Dios es el que en vosotros produce si el querer como el hacer por su buena voluntad.*

## Temor y temblor; φόβου

Aquí podemos notar que el versículo 13, no es un versículo aislado a la salvación, es decir, a veces nosotros podemos creer que quizá en algún momento quisimos o queremos aplicar este pasaje a cualquier cosa no relacionada con Dios y cuando sea así es incorrecto, no podemos nosotros aplicar un pasaje bíblico relacionado con el servicio y con la salvación y con el servicio al Señor, a cosas que no tienen que ver con el servicio a nuestro Dios. Entonces este pasaje dice, produce el querer como el hacer por su buena voluntad, pero también hay otras dos cosas que me llamaron mucho la atención y quiero compartir con ustedes, son dos palabras, temor y temblor en el versículo 12.

## φόβου / φόβῳ

En este pasaje es importante regresar al griego para considerar la traducción de esta palabra «φόβου» [sustantivo-genetivo] (temor), mientras que por ejemplo en pasajes como: 2 Corintios 7:1, Efesios 5:21, Hebreos 2:15, 1 Pedro 1:17, entre otros se utiliza «φόβῳ» [sustantivo-dativo], la traducción literal al español es la misma «temor» pero su intención es distinta. El temor que el apóstol habla a los filipenses es de miedo y terror, a diferencia del que habla, por ejemplo, en 2 Corintios 7:1, este habla de respeto a la santidad de Dios.

En este sentido y recapitulando, la palabra "temor". En este pasaje no es la misma o no podríamos darle el mismo sentido a aquella palabra cuando leemos el *"temor a Jehová"*, el *"temor a Dios"*, porque el temor a Dios o el temor a Jehová es un temor muy distinto, es un nivel de respeto; un nivel de respeto por la autoridad que representa Dios, que no es cualquier autoridad, es una autoridad que supera nuestra comprensión. Este temor que el apóstol Pablo habla a los filipenses es un temor de miedo, de preocupación y el temblor es el efecto que pueda producir. Ahora, ¿por qué ocurre esto? ¿Por qué el apóstol Pablo dice cuiden con temor y temblor? Había una necesidad de salvaguardar no tanto la vida humana, la carne, sino el Espíritu. En Mateo Jesucristo, también dice

> *«Y no temáis a los que matan el cuerpo, más el alma no pueden matar; temed más bien a aquel que puede destruir el alma y el cuerpo en el infierno».* - Mateo 10:28

Esto dando alusión de que hay una necesidad mucho más importante, mucho más grande, el preservar la vida espiritual; la vida eterna. Y en este caso también el apóstol Pablo suscribe estas palabras, pero refiriéndose ya ahora a la salvación en Cristo. Y dice, ocupaos en vuestra salvación, con temor y temblor. Y nótese que el versículo 12 no está aislado al versículo 13, ni viceversa, sino que es una continuidad.

Ocupaos en vuestra salvación, con temor y temblor, porque Dios es el que en vosotros produce así el querer como el hacer por su buena voluntad.
En ese sentido, había una necesidad muy importante, para la iglesia. En ese tiempo, la iglesia de Nuestro Señor, la iglesia primitiva, estaba siendo perseguida. Era una persecución muy brutal que culminó en muchas catástrofes, muchas situaciones muy complejas, muy difíciles. Como bien sabemos, mataron a los apóstoles y la iglesia del Señor permaneció, como hasta el día de hoy ha permanecido. Sin embargo, en ese tiempo fue muy catastrófico y preocupante. Y era natural para el ser humano preocuparse por su vida, por su carne, por su seguridad, porque no sabían si de repente, mientras estaban en el servicio, podían llegar los soldados romanos y acabar con todos los que se encontraban allí.

### El Pentágono Pentecostal en la carta a los filipenses.

Sin embargo, el apóstol Pablo les decía, preocúpense por su salvación. Dice, ocupaos de vuestra salvación, con temor y temblor. En este punto pude notar un aspecto del pentágono pentecostal, y aunque, evidentemente, el Apóstol Pablo, no fue pentecostal, pero el pentecostalismo suscribe las palabras del apóstol y quisiera adentrarme a ello.

De manera muy resumida, el pentecostalismo, es un movimiento cristiano que surge luego avivamientos en Estados Unidos, muy grandes, pero no es que nazca en Estados Unidos, sino que simplemente allá surge un movimiento de avivamiento espiritual y de sanidades muy impresionantes. Entonces de ahí surgen iglesias que se denominan pentecostales. Hay dos vertientes del Pentecostalismo. Hay unos pentecostales que son trinitarios, que creen en el Padre, Hijo y Espíritu Santo, y hay otros pentecostales que son unicitarios, no creen en una trinidad, sino que creen en uno. Nosotros creemos en el Padre, Hijo y Espíritu Santo, porque nosotros suscribimos a la ortodoxia de la cosmovisión cristiana de todas las iglesias.

Es decir, nuestro pentecostalismo no está aislado, no es una idea que a alguien se le ocurrió, sino que simplemente fue un movimiento que surgió por causa de los avivamientos y manifestaciones espirituales, pero nosotros estamos relacionados con, por ejemplo, el pensamiento de los metodistas, los trabajos que algunos padres de la iglesia también realizaron. No estamos aislados en ese sentido, y tenemos relación en ese aspecto, tanto intelectual como espiritual.

## Una arista del pentágono pentecostal

Uno de los puntos importantes que yo estaba leyendo en la teología sistemática con una perspectiva pentecostal de Stanley Horton, es un punto muy interesante que lo denominan como la preocupación por la otra vida que posteriormente yo lo trasladé a este trabajo literario es el Pentágono pentecostal, agregando las otras cuatro aristas. Ésta, en este caso, sería la arista de la «preocupación por la otra vida» en el pentágono pentecostal.

El pentecostalismo tiene un acercamiento mucho al lado espiritual. Por ejemplo, nuestros hermanos bautistas y también nuestros hermanos presbiterianos, que tienen un acercamiento mucho más a la intelectualidad que a las manifestaciones espirituales. El pentecostal actualmente toma de las dos. Hay pentecostales muy académicos y que se acercan a lo espiritual, aunque es parte del pentecostalismo el acercarse al lado espiritual, por las manifestaciones.

Uno de los puntos importantes, para nosotros, es la preocupación por la otra vida, algo que el apóstol Pablo ha dicho en muchas ocasiones, y esta ocasión, en Filipenses 2:12, no es la excepción.

## La responsabilidad individual y colectiva.

Él dice, ocupaos en vuestra salvación, con temor y temblor. Eso es preocuparse por la otra vida de una persona que es tu hermano en la fe. Cuando usted, mi hermano, le dice a su hermano en Cristo, «vamos a orar para que Dios te ayude, para que Dios te saque del error», lo invita a estar en comunión con el Señor a través del Espíritu Santo, usted se está preocupando por la otra vida de la persona. Para que esa persona no perezca en el pecado, sino que continúe y avance constantemente, eso es preocuparse por la otra vida.

Pero aquí hay una segunda responsabilidad y es una responsabilidad de la otra vida individualmente, y también hay una responsabilidad por la otra vida que es hacia las demás personas. Es decir, «la responsabilidad individual y la responsabilidad colectiva de los santos». El apóstol Pablo a esa suscribe, porque el apóstol dirige esta carta a los filipenses que se encontraban en conflicto y con una posibilidad muy grande de acercarse a las cosas humanas, terrenales, salvaguardar su vida, quizás decir, en algún momento vamos a dejar la iglesia y vamos a irnos mejor, porque nos están persiguiendo. Y el apóstol Pablo dice, ocupaos de vuestra salvación con temor y temblor.

**La salvación como hecho no se pierde; la salvación como efecto sí.**

Hace poco escuchaba a una persona que decía, *"no sé si estoy verdaderamente a salvo, no sé si realmente soy salvo completamente".* Cuando escuchaba eso yo decía, definitivamente esa persona no es salva. Porque nosotros no podemos dudar ni un momento en que somos salvos. Porque Jesucristo pagó el precio, Él ya murió en la cruz, resucitó al tercer día, ascendió al cielo y nos dio la salvación. Nosotros no podemos dudar, pero también nosotros no podemos quedarnos simplemente y decir, soy salvo y listo. Tenemos que hacer algo, tenemos que avanzar, tenemos que confiar. Y el apóstol Pablo a eso se refiere, porque la iglesia de los filipenses; ellos eran salvos, posiblemente, ellos decían, «yo soy salvo, yo ya recibí la salvación, Cristo ya está en mi corazón», pero aún y con todo eso, el apóstol Pablo les dice, ocúpese de su salvación.

Cuiden su salvación con temor y temblor, porque *la salvación como hecho no se pierde; la salvación como efecto sí.* Es decir, la salvación como hecho histórico para nosotros, ya fue realizado, pero para efecto en nuestra vida, existe la responsabilidad personal. Por ello la necesidad de la responsabilidad por la otra vida de manera individual, pero también de manera colectiva (corporativa) dentro del pentecostalismo.

Las situaciones y las circunstancias que se están desarrollando en nuestro entorno, nos podrían ocasionar, que por supuesto, podrían alejarnos de Dios y perder la vida eterna. Por eso mi hermano, es un momento muy importante para reflexionar. Reflexionar sobre nuestra salvación, nuestra comunión con Dios ¿Cómo estoy viviendo yo, mi vida cristiana, mi vida espiritual, mi espiritualidad con Dios?

Porque, por supuesto, la salvación no se pierde como hecho, Cristo ya pagó el precio, pero ahora es nuestra responsabilidad mantenernos fieles a Dios, algo humanamente difícil, pero intentarlo cada día, es mejor que dejar de intentar por lo difícil que pareciera.

*M. Emanuel Ceniceros*

# IX. CATOLICISMO ROMANO, MARIOLOGÍA Y SU INTERPRETACIÓN SEMIÓTICA

*Aunque la doctrina pentecostal no suscribe la mariología, consideré pertinente puesto que es un ejemplo importante para analizar. El punto clave para la existencia de la mariología, parte, efectivamente, de concilios católicos romanos. Su método semiótico, por tanto, es distinto, por lo cual, considerarlo es primordial para reivindicar nuestra identidad cristiana protestante. En este tema utilizaremos el MSE sobre las doctrinas marianas.*

## Dogmas Marianos

Uno de los casos, y que podríamos hablar sobre ello, es la asunción de María[41] en la Iglesia Católica. No existe bíblicamente una base fundamental para determinar "Asunta" a María. Esto parte de una interpretación (quizá lógica) personal, con el propósito de proveer una respuesta a la sociedad que propiamente estaban adaptando costumbres en torno a María. La interpretación de ello, produce una confusión interna, y este es un ejemplo importante, ya que si no cuidamos la premisa de la doctrina que establece en sus dogmas, e intenta adjuntar a sus libros teológicos, conceptos personales que parten de prácticas sociales, podría incurrir en fallas que hagan una distracción interna. Por lo cual, es relevante siempre considerar las premisas fundamentales de la semiótica eclesial. En este caso, la semiótica católica, se lo permitía, ya que ellos ya han establecido sus dogmas a partir de concilios que han otorgado a María determinado valor social y espiritual, pero en la semiótica aplicable al protestantismo, para su interpretación, no es aplicable.

La idea de que María, la madre de Jesús, tiene una clase de santidad o divinidad a partir de haber sido elegida por Dios, ha sido no solo rechazada por la iglesia cristiana protestante (como claramente conocemos) Por su parte, a partir de esto, la iglesia católica romana, ha divinizado a María, elevando a dogma de salvación.

---

[41] Doctrina Católica que postula a María, que establece que fue elevada, en cuerpo físico, al cielo. Otorgándole santidad.

## Asunción de María

El punto clave para poder aceptar la asunción de María radica plenamente en el conocimiento sin concilio, ¿qué quiere decir?, que no hay una conciliación sobre el tema. Puesto que, al tratarse de un tema eclesial, de vital importancia, (otorgar una divinidad a alguien más, en el protestantismo es inaceptable) es esperable que las escrituras (biblia) sean la base fundamental para su argumento; sin embargo, desde el punto de vista protestante pentecostal, no lo vemos así.

En una audiencia general del Concilio Vaticano II, Juan Pablo II, en el documento presentado el 2 de julio de 1997 reafirma el *Munificentissimus Deus*, una constitución promulgada por Pío XII en 1950 donde declara que María, la madre de Jesús; así como el propio Cristo, ella también fue llevada al cielo. Sin embargo, no existe base bíblica para ello, solamente el dogma establecido por un concilio, el cual, no ha sido aceptado por muchos, durante ciertos años, en la antigüedad, dentro de la misma iglesia católica.

El *lumen gentium*, constitución promulgada por el Concilio vaticano II, menciona en su capítulo VIII, sección III, referente a la virgen María y la iglesia:

> *Art. 60. Uno solo es nuestro Mediador, según la palabra del Apóstol: «Porque uno es Dios, y uno también el Mediador entre Dios y los hombres, el hombre Cristo Jesús, que se entregó a sí mismo para redención de todos» (1 Tm 2, 5-6). Sin embargo, la misión maternal de María para con los hombres no oscurece ni disminuye en modo alguno esta*

*mediación única de Cristo, antes bien sirve para demostrar su poder*[42].

Esto significa que a María se le otorga el nivel similar a Cristo, en este sentido, hablamos de la creación de una autoridad espiritual para la religión católica. Y al tener una relación con Cristo, sería para los católicos una figura importante.

Cuando hablamos dogmas, y la creación de un concilio para establecer una doctrina, es esperable, que la biblia sea la base fundamental, más allá de la autoridad eclesiástica que la iglesia pueda representar; sin embargo, en la iglesia católica, es la iglesia una autoridad suficiente para establecer dogmas, algo que le conocen como "tradición". Esto provoca que la semiótica aplicada esté subordinada por un pensamiento en este caso "una tradición", pero que no tiene un sustento bíblico textual. Como en el protestantismo se esperaría.

Según el libro "Creo en la Iglesia "de Monseñor Tihamer Toth (1956) escrito principalmente en húngaro, declara que el respeto al papa se le otorga como el dulce Cristo en la tierra, por la declaración de Catalina de Sena:

> *"El supremo maestro, es supremo gobernador, y pontífice de la iglesia: quién sabe que él Papa es Vicario de Jesucristo en la tierra y aún más, según la expresión de Catalina: Dolce Cristo in Terra", comprende el entusiasmo sin límites, respeto y adhesión filial, que sienten los fieles*

---

[42] Concilio Vaticano II: Cap. VIII, Sec. III. La Santísima Virgen y la Iglesia

*católicos por aquel que es la cabeza visible de la iglesia"* (Toth, T. 1956, p.111)[43]

Esta forma de establecer los dogmas, a partir del otorgamiento a un individuo, considerado "Representante de Dios en la Tierra", la decisión absoluta sobre las modificaciones de los dogmas, provoca que la interpretación bíblica sea incorrecta.

Esto nos dice claramente, que la iglesia católica, determina a la iglesia misma como una autoridad máxima. No obstante, en Hechos vemos algo que es realmente diferente.

> *Este es el Dios que hizo el mundo y todas las cosas que hay en él. Y como es Señor del cielo y de la tierra, él no habita en templos hechos de manos. (Hechos 17:24)*

Cuando ponemos a la biblia como la base principal de la fe, entonces comprenderemos que es a través de ella, que Dios nos guía, y no nosotros, bajo nuestras interpretaciones, o lo que definimos como posturas, dogmas, que muchas veces podrían estar contraria a nuestra fe.

En el caso de la iglesia católica, tiene su base en algo que ellos previamente han establecido como una tradición eclesial, por lo tanto, para nosotros como protestantes pentecostales, nos es complejo aceptarlo, puesto que, nuestra identidad cristiana parte

---

[43] Toth, T. (1956) Creo en la Iglesia. Sociedad de Educación Atenas S. A. Madrid. P. 111

## Semiótica Eclesial

de (nace) las cinco solas protestantes y una de ellas es "sola scriptura".

Lo cual no es una libre y deliberada interpretación ambigua de las escrituras, sino valorar lo que ocurrió en el pasado; comprender nuestro legado protestante y reivindicar nuestra identidad pentecostal.

### (Modelo del método semiótico eclesial aplicado a la Iglesia Católica)

Su interpretación es únicamente: concilio. Aunque no elimina la autoridad máxima (escrituras) sujeta las escrituras a "concilio". Una modificación que podría resultar en dar autoridad máxima al concilio, por tanto, al hombre. Esto se convierte en mucho más grave cuando se le otorga autoridad a un hombre, por sobre los demás. Lo que claramente vemos en la iglesia católica.

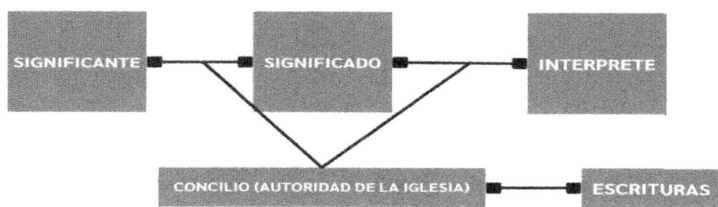

*Imagen diagrama del catolicismo bajo el modelo semiótico eclesial*[44]

---

[44] La iglesia católica considera la biblia como una autoridad máxima, sin embargo, esta únicamente puede ser interpretada por la iglesia, por lo cual se encuentra sujeta al concilio y su resultado en algunos casos podría ser acertado, mientras que en otros podría ser totalmente erróneo. Además de que

La decisión de parte de las autoridades eclesiásticas, en este caso, a que la biblia sea sujeta, podría tener cierto sentido, pues, como hemos visto a lo largo de la historia, muchos han interpretado las escrituras y en ese ejercicio han incurrido en graves problemas que en muchos casos les llevan a reivindicar herejías previamente condenadas. En ese sentido, la iglesia, podría tener la autoridad suficiente para resguardar la biblia, el problema de esto es que la iglesia (como institución terrenalmente hablando) no es infalible. Podemos fallar, seguimos siendo humanos y nuestras interpretaciones teológicas nacen a partir de la lectura de otros teólogos o nuestros propios desarrollos. Y aunque pudiésemos creer que tenemos la razón, debemos de ser muy cautelosos con ello y considerar todas las vías de interpretación necesarias, no solamente una (concilio). En una ocasión escuché un mensaje de Samuel Pérez Millos, donde explicaba que mientras fue alumno de Francisco Lacueva, le decía lo siguiente:

> *"Cada vez que estudies la biblia, borra todo cuanto sabes acerca de esto"* - Francisco Lacueva.

Que tan necesario es que nosotros consideremos estas palabras en estos tiempos, donde las luchas doctrinales son demasiado álgidas y quienes vienen tras nosotros se encuentran con un mar de incertidumbre que podría orillarlos a apartarse de Dios. Porque si hay luchas internas, ¿qué beneficio tengo yo como necesitado de Cristo en esa iglesia? Es esencial entonces redescubrir nuestras teologías, conocerlas y familiarizarnos a ellas, pero sobre todo, no

---

omite la posibilidad a cualquier feligrés de interpretar las escrituras, si no es por medio de lo que la iglesia ya ha marcado a pesar de que esta se encuentre equivocada.

dejemos atrás aquello qué académicos, científicos y pensadores cristianos y no cristianos han aportado a los estudios bíblicos. Hombres y mujeres que han realizado estudios muy profundos de las escrituras que podrían beneficiar a la iglesia y la interpretación histórica de los textos.

## Infalibilidad Papal

En el 1870, el concilio vaticano I, en una constitución apostólica llamada *"Pastor Aeternus[45]"*, declara una superioridad en una persona. Otorga la infalibilidad papal, es decir, todo aquello que el papa hable ex cátedra se debe considerar infalible, por causa de la sucesión apostólica y el primado de pedro a consideración de la iglesia católica romana, Esto fue un problema grande en las iglesias antiguas. La iglesia ortodoxa, una iglesia que también tiene sucesión apostólica, no tiene a consideración una infalibilidad papal o a algún otro individuo. En su declaración, la iglesia ortodoxa americana declara lo siguiente:

> *La ortodoxia sostiene la realidad de que la Iglesia, reunida en Concilio bajo la inspiración del Espíritu Santo, es guiada en la toma de decisiones correctas y en la enunciación de la verdad.* — Orthodox Church in America, (s.f.)[46]

---

[45] U. Bellocchi (a cura di), *Tutte le Encicliche e i principali documenti pontifici emanati dal 1740, vol. IV: Pio IX (1846-1878)*, pp. 334-340, 1995, Libreria Editrice Vaticana, Città del Vaticano.

[46] Orthodox Church in America. (s.f.) Obtenido en August, 2024. https://www-oca-org/questions/romancatholicism/infallibility

Esta posición que abraza la iglesia ortodoxa es la misma que no solo abrazamos nosotros con respecto a la postura católica romana de la infalibilidad papal, sino que también la mayor parte de la cristiandad rechaza la idea.

Uno de los libros que he estado estudiando para comprender este tema es el de Toth, T., sobre la fe en la iglesia, un tema que naturalmente es muy católico romano, porque una de las posturas romanas es otorgarle a la iglesia un valor, en ocasiones, superior a las escrituras. El autor, con respecto a la infalibilidad papal, dice:

> *El dogma de la infalibilidad significa que cuando el papa, <u>maestro supremo de la cristiandad</u>, habla oficialmente a toda la iglesia, <u>imponiendo</u> un juicio de fe y moral, no puede errar. (Toth, T. 1956, p.116[47])*

En este punto, el autor establece que toda la cristiandad permanece en la jurisdicción católica romana. Cuando no es así. Realmente es al revés. La iglesia católica es solo una iglesia, no es la cristiandad, esta es la que nosotros representamos, la catolicidad que nosotros representamos en conjunto con nuestros hermanos luteranos, anglicanos, ortodoxos, calvinistas, metodistas, etc., esa es la catolicidad. ¿Y esta infalibilidad determina que las palabras y juicios del papa podrían tener repercusión en nosotros, considerando que nosotros sí somos la cristiandad? Por supuesto que no. Nosotros rechazamos la infalibilidad papal al igual que toda la cristiandad, de tal modo que no consideramos la autoridad papal sobre nuestra vida o ministerio. ¿Entonces a qué cristiandad se refiere?

---

[47]Toth, T. (1956) Creo en la Iglesia. Sociedad de Educación Atenas S. A. Madrid. P. 116

Cuando la iglesia católica se refiere a sí misma como "la única iglesia" realmente así lo cree. Ella considera que en sí está la salvación y únicamente a través de ella. Pero no podría ser la única iglesia que contenga la plena salvación, porque fue en ella que desde el año 593 d.C. que se comienza a crear una serie de normas fuera de lo que los cristianos primitivos creían. La idea del purgatorio, ofrecida por Gregorio Magno, detalla que una vez muere un hombre, su alma llega al purgatorio, donde sus pecados pueden ser expiados y posteriormente llegar al cielo. Realmente es una idea muy alentadora y que sería muy aceptada por quienes no deseen tener una vida de intimidad con Cristo ni un crecimiento espiritual, puesto que aún muerto hay posibilidad de llegar al cielo y recibir el perdón de mis pecados.

Son varios los pasajes bíblicos que podrían contradecir esta idea, por ejemplo tenemos el pasaje de 2 Timoteo 2:11:

*Este mensaje es digno de crédito: Si morimos con él, también viviremos con él. (2 Timoteo 2:11 NVI)*

Es importante que se considere que nuestra muerte debe ser en Cristo. Cuando un hombre vive en pecado, su desenlace podría ser la muerte en pecado, no solo espiritualmente, sino que esto trascendiendo a la otra vida. Pero el apóstol habla de una postrimería del alma. Hacia dónde vamos.

El pentágono pentecostal en una de sus aristas contempla "la preocupación por la otra vida" como algo fundamental y no es cualquier cosa, pues si el purgatorio fuese real y hubiese la posibilidad de llegar al cielo a pesar de haber pecado, entonces no hay justicia de Dios y es la justicia del hombre (papa) que ofrece una salida cómoda a cualquier persona. Uno de los pasajes que hablan de manera mucho más explícita con respecto a esto es 1 Tesalonicenses 4:16-17:

> *Porque el Señor mismo, con voz de mando, con voz de arcángel, y con trompeta de Dios, descenderá del cielo; y los muertos en Cristo resucitarán primero. (1 Tesalonicenses 4:16 RV60)*

Este pasaje es realmente mucho más contundente con el tema. Cualquiera que haya muerto en Cristo resucitará, quien no, evidentemente, no lo hará. Entonces podemos terminar por definir que la idea del purgatorio es algo fácilmente aceptable por todos, pero realmente perjudicial para el alma del hombre quien podría ser engañado, como en años anteriores, el ejemplo de la venta de indulgencias en el año 1190 tan solo es uno.

El hecho es que la iglesia ha optado por desvirtuar en diversos momentos las escrituras, ofreciendo segundas opciones. En los cañones del concilio de Trento, con respecto a las penitencias, describe lo siguiente:

> *Si alguno dijere, que de ningún modo se satisface a Dios en virtud de los méritos de Jesucristo, respecto de la pena temporal correspondiente a los pecados, con los trabajos que el mismo nos envía, y sufrimos con resignación, o con los que impone el sacerdote, ni aun con los que voluntariamente emprendemos, como son ayunos, oraciones, limosnas, u otras obras de piedad; y, por tanto, que la mejor penitencia es solo la vida nueva; sea*

*excomulgado"* (Concilio de Trento. Sesión XIV, Canon XII) [48]

Esto mientras que en las escrituras nos dice que no hay condenación para los que están en Cristo (Romanos 8:1). Esto claramente es el hecho fehaciente de que la iglesia católica romana ante el método semiótico eclesial establece la iglesia como autoridad máxima en su interpretación. Algo que contradice a nuestra forma de interpretar las escrituras y todo aquello que envuelve el cristianismo, pues, nosotros consideramos la biblia como autoridad máxima, no biblicísmo, sino *"sola biblia".*

---

[48]Concilio de Trento. Sesión XIV.- Los Sacramentos de la Penitencia y la Extremaunción, Canon XII

*M. Emanuel Ceniceros*

# X. DOCTRINA UNICITARIA Y SU INTERPRETACIÓN SEMIÓTICA

El crecimiento de la iglesia de Cristo ha sido tal que, fue necesario formalizar organizaciones eclesiásticas. Una de ellas fue Asambleas de Dios. Formalizada en 1913 en Estados Unidos, como resultado del gran esfuerzo que en su momento realizó Eudorus Neander Bell[49] (1866-1923) quien fue el primer presidente de las Asambleas de Dios. Un exministro metodista con un gran deseo de predicar el evangelio. Según detalla el Flower Pentecostal Heritage Center (Centro de Herencia Pentecostal) que cuando E.N. Bell recibió el bautismo en el Espíritu Santo, dijo:

---

[49] El fundador de Asambleas de Dios en Estados Unidos

*"Dios me bautizó en Su Espíritu; ola tras ola cayeron sobre mí desde el cielo, golpeándome en la frente como corrientes eléctricas y pasando por encima y a través de todo mi ser [...] Él (Espíritu Santo) comenzó a hablar a través de mí en una lengua que nunca antes había oído y continuó durante dos horas. Después de tres meses de pruebas, puedo decir ante Dios que la experiencia es tan fresca y dulce como siempre". Sin duda alguna un hombre que experimentó aquello que en el pentecostalismo llaman "llenura del Espíritu Santo"* (FPHC, 2023)[50].

Pero todo inició con las Asambleas de Dios. E.N. Bell, en 1910, junto a varios ministros, de diferentes denominaciones, habría comenzado un ministerio llamado La Fe Apostólica (Apostolic Faith). Fue en 1913, cuando luego de diversas cuestiones a raíz de controversias internas (en el pentecostalismo) se dio la primera reunión de iglesias. Y en ese día (1913) se dio un gran paso; se formó lo que hoy conocemos como Asambleas de Dios. La razón de la reunión fue, entre algunas otras cosas; el establecer la fe trinitaria y bíblica del pentecostalismo clásico. En un contexto donde algunas iglesias pentecostales se estaban inclinando a conceptos arrianos e incluso decir que la trinidad tenía una relación con la iglesia católica, o que se trata de tres dioses. Bell marcó una línea, con un fundamento bíblico, considerando también el conocimiento de los padres de la iglesia, y el concilio que en ese momento se estaba formando. Lo que dio como

---

[50] FPHC (2023) Eudorus Neander Bell: Pentecostal Statesman and Founding Chairman of the Assemblies of God. Obtenido de https://ifphc.wordpress.com/tag/e-n-bell/

resultado a las bases primarias de las Asambleas de Dios. E.U. que posteriormente fueron abrazadas por las demás delegaciones.

Es importante considerar este hecho histórico, ya que nos da un punto de vista muy particular sobre el movimiento "unicitario" (algunos les dicen unitarios).

### ¿Qué es el movimiento unicitario?

En términos simples, es una secta. Pero, ¿por qué consideramos que es una secta? Primero que nada hay que comprender que los unicitarios no pertenecen a los pentecostales clásicos. Según su sitio web (*upci.org*) detalla que su movimiento nació en el avivamiento de la calle Azusa[51], mismo movimiento del cual el pentecostalismo clásico es parte. En ese sentido, hay una relación en cuanto a la experiencia, e incluso podríamos pensar que existió una alianza en su momento, pero, luego de la experiencia espiritual y ahora, en el momento de establecer doctrinas con una confesión de fe, fue cuando todo tuvo un revés.

La clara realidad es que la Iglesia Pentecostal Unida Internacional (siglas en inglés: U.P.C.I.) establece doctrinas sin el conocimiento y sin el concilio. Estableciendo así un resultado caótico para la fe cristiana. Quizá podrían declararse "*sola scriptura*", por el hecho de que la biblia es lo único que usan, sin embargo, nunca hay que olvidar a los padres de la iglesia, en ese caso ellos lo que hacen es un tipo de biblicísmo, sin el mayor deseo de indagar sobre qué es lo que quiso decir el autor.

---

[51] Un avivamiento pentecostal de gran impacto que surgió en 1906, hasta 1915

Un artículo publicado por Luis E. Torres titulado *La Unicidad de Dios*, en el capítulo "El origen bíblico de la unicidad" describe que "La palabra unidad se halla tres veces en la Biblia (Jn. 17:23, Ef 4:13)" (Torres, L. E. s.f. p.9)[52] y, por tanto, esta palabra se encuentra en la biblia, sería totalmente bíblico su uso para comprender la esencia de Dios.

El problema con la interpretación de estos pasajes es que se trata de una clara interpretación personal sin contexto. Por un lado, podemos leer en el capítulo de Juan 17 que se trata de la oración de Jesús hace al Padre, y aunque el Padre, el Hijo y el Espíritu son uno, no son uno en la definición que interpreta Torres. Por otro lado, en Efesios vemos que habla de la repartición de los ministerios, y concretamente en el verso 13, del capítulo 4 dice:

> *Hasta que todos lleguemos a la unidad de la fe y del pleno conocimiento del Hijo de Dios, a la condición de un hombre maduro, a la medida de la estatura de la plenitud de Cristo. (Efesios 4:13)*

Claramente, nos habla de una unidad en la fe. También el autor menciona.

> *"La Unicidad. Tiene origen en la revelación divina. No está basada en teorías, filosóficas o semánticas, sino en la afirmación Bíblica de que hay un solo Dios." (Torres, L. E. s.f. p.9)*[53].

---

[52] Torres L. E. (s.f.) La Unicidad de Dios. p.9
[53] *Ídem*, p.9

En este caso podemos ver un claro problema, puesto que las teorías no están peleadas con las escrituras, (las teorías no están en contra de las escrituras sí). Las teorías son meramente el elemento fundamental para explicar situaciones o cosas que difícilmente se puede llegar a una conclusión. Estas son una base para comprender el mundo real y como este se desarrolla. De hecho, el método semiótico eclesial, es un método práctico que parte de teorías, busca establecer un método sencillo para todos; para que puedan conocer su fe, correctamente. En cuanto a "semántico", pues, la semántica es parte principal de la semiótica; no podemos eliminarla. Es necesario tener una comprensión lingüística en el análisis de los textos y de mucha mayor importancia cuando se refieren a los textos bíblicos, es aquí donde entra la hermenéutica con sus usos y prácticas de interpretación bíblica. Entonces, sería totalmente imposible eliminar la semántica del análisis crítico de las escrituras. El problema mayormente de la iglesia unitaria no está solamente en su interpretación y comprensión bíblica, sino en los feligreses, quienes son fieles siervos de Dios. Muchos de ellos tienen un acercamiento fiel a Dios a través de la escritura y las experiencias, pero el método de comprensión y análisis de textos bíblicos que les han proveído su iglesia les lleva a un modelo de análisis bíblico cerrado; aún más cerrado que el comparado previamente, con la iglesia católica romana.

### Su modelo semiótico.

Al final de todo, no podemos pensar en el vacío, tenemos que indagar, consultar, y hacernos la pregunta, ¿es correcto lo que creo o no?, para evitar cualquier problema de interpretación personal que pueda dar lugar a una nueva doctrina. Situación que hemos visto con el pasar de los años desde los tiempos antiguos, en el ejemplo que compete a este tema, podríamos pensar en Sabelio quien, en siglo III, otorgó una nueva interpretación a Cristo, dando lugar a algo similar al modalismo y monaquismo, solo que Sabelio establece que su manifestación era simultánea. Esta doctrina, considerada herejía en su momento, tuvo un importante impacto hasta nuestros días, tal y como lo podemos ver, de tal modo que lleva su nombre "sabelianismo".

La doctrina unicitaria bajo el modelo semiótico eclesial quedaría de la siguiente manera:

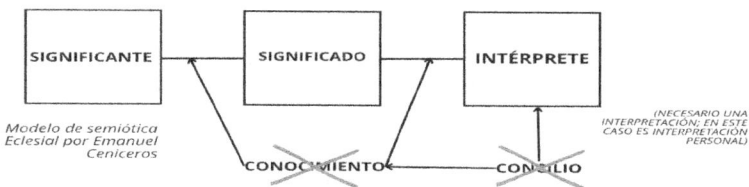

*Imagen diagrama del unitarismo bajo el modelo semiótico eclesial*[54]

Para poder tener una interpretación **sin el concilio, y sin el conocimiento** (experiencia, tradición), pero únicamente con la biblia, es necesario que exista una interpretación personal. Es decir, considerar solo yo, y únicamente yo, (lo que yo interpreto), independientemente de lo que ya previamente fue establecido por los padres de la iglesia, en este sentido, la autoridad máxima

---

[54] La iglesia unitaria elimina por completo el conocimiento y el concilio para una interpretación bíblica. Por lo cual, sus dogmas nacen a partir de la lectura solitaria de las escrituras. (La biblia es la autoridad máxima, pero no debemos hacer interpretaciones solitarias, puesto que podríamos no tener una comprensión concreta de un pasaje bíblico, por lo cual daríamos una resolución según lo que nosotros creemos).

aplicable al modelo semiótico eclesial por parte del unitarismo es la autoridad que ellos mismos podrían representar a la iglesia. Por ejemplo: el hecho de qué tantos títulos, libros publicados y/o apostolado, puedan tener; pudiese generar cierto respeto y en determinados momentos hasta atribuirle un poder casi divino. De esta manera surgen las ideas desafortunadas de "nuevas revelaciones". Esto es peligroso, porque en este sentido, cualquier persona, con una autoridad, podría establecer cualquier dogma, puesto que no existe ninguna autoridad a su consideración.

Si podemos notar la imagen en la página anterior, te darás cuenta de que lo que sujetaba al intérprete para tener una percepción de un pasaje bíblico, ya no existe, he ahí el dilema. Es por ello lo indispensable de considerar todo el conjunto del trabajo de la iglesia de Cristo, los dogmas, las confesiones de fe y el esfuerzo que año tras año desde los padres de la iglesia realizaron para que nosotros pudiéramos comprender las escrituras de una manera más práctica.

Hoy ya no hay nuevas revelaciones; hoy lo que existe es una iglesia creciente y el modelo semiótico eclesial, tiene como objetivo ser un método al alcance de todos para salvaguardar la fe ante las dudas e inquietudes de nuevas doctrinas.

Con este método semiótico eclesial; puedes aplicarlo a cualquier interpretación doctrinal y siempre va a ofrecerte una respuesta clara, porque está basado en el trípode de la interpretación (tradición, razón y escritura) aplicado a la semiótica. Por supuesto, se han agregado algunos elementos externos como el Pentágono Pentecostal por las características del mismo (M.S.E. Pentecostal)

# XI. MORMONISMO Y SU INTERPRETACIÓN SEMIÓTICA

Hemos visto cómo la iglesia católica y como la iglesia unicitaria han establecido sus dogmas y estos, bajo el método semiótico eclesial, impiden una correcta interpretación de las escrituras, pero además de su propia identidad. Es decir, si consideramos que el MSE puede ser aplicado en la cotidianidad individual del creyente a modo de poder interpretar personalmente sin la problemática de errores de interpretación, sin embargo, las iglesias antes mencionadas no tienen esta facultad y su identidad (la que percibe cada uno de sus feligreses) es claramente fundamentalista. La Iglesia de Jesucristo, de los Santos de los últimos días, además del nombre largo, tiene muchos añadidos, y podríamos decir que, de todas las religiones y sectas, ésta, comúnmente denominada como "los mormones", se otorga la autoridad para agregar nuevas visiones.

Ellos reconocen a José (John) Smith como un enviado de Dios, en algunos casos lo mencionan como profeta, vidente y/o revelador de una nueva visión, como un nuevo testamento. El solo hecho de considerar un nuevo testamento basándose en escritos realizados, anterior a su fundación (1830) sin ningún otro medio para corroborarlo únicamente los escritos de Smith, naturalmente se podría dudar. Diferente es en las escrituras, pues el hecho de que hubiera varios evangelios (distintas perspectivas con respecto a lo ocurrido) pero no solo eso, sino que uno de ellos, Lucas, se encargó de recopilar la información de fuentes primarias para ofrecer una visión mucho más clara sobre los hechos de Jesucristo en la tierra. Esto, además de las citas que hacían los apóstoles sobre los eventos, los testigos, etc. fortalecen los escritos, esto sin mencionar que desde la muerte de Jesús hasta el primer escrito sobre Él, no pasaron ni 100 años. Claramente, los evangelios no solo tienen veracidad, sino que es imposible encontrar otro documento que pueda ser mucho más verificable que los evangelios. John Smith, en cambio, escribió lo que se denominó como una visión, un nuevo testamento. Según el libro *"Mormonismo"*, de Hoekema, A. (1977) donde analiza las doctrinas fundamentales del mormonismo de una manera clara y sencilla, menciona que uno de los artículos de fe de la iglesia de Jesucristo, de los Santos de los últimos días, es que solo consideran la biblia *"siempre y cuando esté correctamente traducida"*(Hoekema, A., 1997. p. 15[55]). Algo que es realmente muy ilógico, puesto que hoy en día contamos con versiones bíblicas que si bien es cierto no son los papiros antiguos,

---

[55] Hoekema, A. (1997) Mormonismo. p. 15. Editorial Subcomisión Literatura Cristiana.

si se busca están lo más apegado a los antiguos escritos. Pero eso no es lo más preocupante, sino que la biblia y los evangelios tienen mucha más fortaleza en cuanto a su veracidad que el libro del mormón, pero de este último, según detalla Hoekema, A. (1997) dice que *"... creemos que el libro del mormón es palabra de Dios"* (Hoekema, A., 1997. p. 15[56]). Parece ser que existe algo que no se puede comprender del todo, puesto que aunque existen muchos elementos que fortalecen a las escrituras y su veracidad, incluso por sobre algunos otros escritos antiguos, pero ésta verdad está sujeta a escrutinio interno. Mientras que el libro del mormón, a pesar de que no existen otros medios de comprobación histórica, sí se cree como algo veraz.

Esto es un caso en el que se le otorga al conocimiento la autoridad máxima en el MSE. No se trata de otorgar a un concilio que podría modificar como en la iglesia católica, pues ellos (iglesia católica) tiene aún sínodos, concilios en los que debaten temas y modifican, agregan o quitan (al menos podrían tener esa autoridad) artículos o puntos importantes de sus dogmas. En el caso de la iglesia mormona, su autoridad máxima es el conocimiento, pero el problema mayor es que no es su conocimiento, sino de alguien que no es comprobable en ningún sentido. Por lo cual si interpretación bíblica no es necesaria, es decir, la biblia, a pesar de que ellos la consideran palabra de Dios, realmente no le dan ese valor, porque su definición de "palabra de Dios" subyace en lo que el conocimiento decida que es "palabra de Dios[57]".

---

[56] *Ídem*, p. 15

[57] Si la biblia no está en concordia con el libro del mormon no es palabra de Dios, por lo tanto, su concepto de palabra de Dios está limitado a una palabra de hombre, en ese sentido es palabra de hombre, porque es su doctrina la que determina que sí, y que no.

Un claro ejemplo bíblico de que la biblia es suficiente (esto con respecto a que es palabra de Dios no aludiendo al uso de un biblicismo) es lo que dice en 2 Pedro 3:16.

*Como todas las cosas que pertenecen a la vida y a la piedad nos han sido dadas (ya fueron dadas) por su divino poder, mediante el conocimiento de aquel que nos llamó por su gloria y excelencia (2 Pedro 3:16, RV60)*

Este pasaje nos detalla que el conocimiento ha sido dado, y en este sentido (que ya ha sido dado) carece de plena necesidad buscar u otorgar de un valor superior a otro documento que desee ser secundario a la biblia.
El hecho de que el canon está cerrado es la definición clara de que las escrituras son dadas por Dios, si fuesen por hombres, el canon seguiría abierto.

### Su modelo semiótico

Ahora presentamos el MSE y la interpretación mormona en el siguiente diagrama. Algo que es importante destacar es que la iglesia no requiere de un nuevo evangelio. El hecho de pensar que si se necesita, implícitamente nos posiciona en el concepto de una falta de comprensión de las escrituras y un previo desprecio de la misma. *"Por tanto, no considero que sea palabra de Dios, requiere algo más que me diga que sí puede ser palabra de Dios"* pero este sentido de palabra de dios en la iglesia mormona siempre estará sujeto a su conocimiento, que proviene de algo no comprobable, en ningún sentido, por lo cual su interpretación bíblica con respecto a lo que considera correcto permanece en *"palabra de hombre"* no palabra de Dios.

*Semiótica Eclesial*

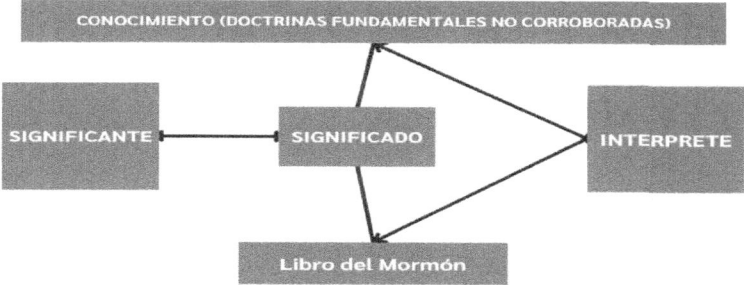

*Imagen diagrama del mormonismo bajo el modelo semiótico eclesial[58]*

---

[58]La iglesia mormona establece sus dogmas y el libro del mormón como *la barrera de interpretación teológica* de todo feligrés, no hay definición de nada sin ello. A pesar de que las escrituras tengan una definición más clara y verdadera.

*M. Emanuel Ceniceros*

# XII. ¿QUÉ VALOR OTORGA LA SEMIÓTICA A LA IGLESIA EVANGÉLICA PENTECOSTAL ACTUAL?

Claramente, el pentecostalismo ha demostrado su firmeza en muchos momentos históricos, pero también su conocimiento; el movimiento pentecostal desde hace algunos años ha tenido un resurgimiento en la búsqueda del conocimiento teológico. Hoy en día, podemos ver más jóvenes latinoamericanos, interesados en los estudios teológicos, y esto es muy bueno; y sano para el movimiento pentecostal[59].

---

[59] Movimiento pentecostal: Todas aquellas denominaciones que suscriben a la identidad pentecostal

## Semiótica Eclesial

El método semiótico eclesial, no solo viene a ofrecer de manera estructurada una interpretación de los conceptos bíblicos, sino que también busca reconectar el pentecostalismo con el protestantismo de una manera más lineal. Al considerar el uso del método semiótico eclesial, obliga a hacer uso del conocimiento tradicional de los padres de la iglesia para la interpretación.

La doctrina pentecostal ha llegado a un punto actualmente en el que podríamos clasificarla como académica. Hoy en día podemos ver como cada vez más hay un interés continuo por el saber teológico de la juventud en el movimiento pentecostal. Un movimiento que inició con letra, y que posteriormente tuvo un gran enfoque en áreas de evangelismo, siendo este, el movimiento cristiano con más crecimiento en todo el mundo. Es importante también destacar a grandes líderes, teólogos pentecostales como Horton, Meyers[60], o más recientes, Dr. Wilfredo Estrada Adorno con su Teología Pentecostal Latinoamericana. En el área de la eclesiología, y de manera mas próxima (local-nacional en México) el pastor y eclesiólogo, Dr. Daniel de los Reyes (Asambleas de Dios México), además podríamos mencionar también al PhD Wolfgang Vondey, catedrático de la Universidad de Birmingham, el recientemente electo (2024) vicerrector de Regents Theological College[61] (Reino Unido) PhD. Simo Frestadius, supervisor de doctorado en Bangor University, entre muchos otros, han sido piezas significativas para la reestructuración (o mejor dicho) el establecimiento de la doctrina pentecostal latinoamericana y la lista es larga, pero además, esa lista sigue creciendo.

---

[60] Teólogos, pentecostales y académicos. Importantes referentes del movimiento pentecostal asambleísta (Asambleas de Dios)

[61] Regents Theological College es una de las mejores instituciones de teología pentecostal en Reino Unido. Parte del ministerio pentecostal Elim de Londres

Cada una de sus aportaciones han contribuido a la visión de un desarrollo interpretativo corporativo. Lo cual ha ayudado a dar valor a aquello que lo merece.

La semiótica, también, es parte fundamental, pues la interpretación de las doctrinas, normas e ideas que se establecen al frente, son unánimes, lo cual, cumple con el modelo de la semiótica eclesial. Pero, ¿cuál es el beneficio primario, para adentrarnos al análisis de la semiótica eclesial?

Creo que más allá de establecer dogmas por unanimidad, partiendo de las doctrinas fundamentales del pentecostalismo, creo que esta semiótica, o al menos la práctica de ello, dadas las características de sujeción al concilio, produce una unidad en sí misma. Logra unir el pentecostalismo, aporta a su identidad y permite la interpretación con una base fundamental; un modelo básico para su uso.

Tanto Ferdinand como Peirce, tenían modelos que su base relevante era la misma. Uno enfocado en el signo, otro en el lenguaje, pero al final de todo, era lo mismo, *"semiótica"*. De este mismo modo, la semiótica eclesial no une una idea con otro modelo, sino que demuestra la unidad de una doctrina. De una iglesia que busca su identidad, y ésta, siempre la encontrará en Cristo.

La base para establecer una doctrina en la comunidad evangélica permanece en la *sola spriptura*[62]; sin embargo, este, no es el único mecanismo con el que se cuenta; previamente consideramos el concilio (la concordia de al menos la mayoría o una gran cantidad de iglesias para considerar algo realmente doctrinal) en este

---

[62] "Sola scriptura", una de las premisas del protestantismo

## Semiótica Eclesial

sentido, también se suscribe la experiencia, el conocimiento y la tradición.

### Doctrinas y Espiritualidad Pentecostal

*A continuación consideraremos algunas de las posturas doctrinales del pentecostalismo; haciendo uso de dos documentos importantes: "Doctrinas Bíblicas" de P. C. Nelson[63] (1980) y "Teología Sistemática; Una Perspectiva Pentecostal" de Stanley Horton[64] (1996).*

### La Trinidad

El pentecostalismo clásico es trinitario, por lo cual considerar la trinidad, es fundamental. La Teología Pentecostal tiene varias doctrinas esenciales, una de las cuales es La Trinidad. Para muchos algo inentendible, y para algunas sectas, totalmente equivocado (existen sectas que surgieron de movimientos pentecostales que creen en el unitarismo, una especie de arrianismo[65] moderno) como los unitarios (cap. 4), pues sostienen las palabras en Deuteronomio 6:4, donde expresa lo siguiente:

> *"Oye, Israel: Jehová nuestro Dios, Jehová uno es"*
> (Deuteronomio 6:4,)

Y bajo esta premisa, toman a consideración que Dios, es uno, y tienen razón, el problema es ignorar por completo a Cristo y al

---

[63] Teólogo y educador de las Asambleas de Dios, fundador de Southwestern Assemblies of God University

[64] Distinguido profesor y teólogo de Asambleas de Dios, graduado en Harvard

[65] Doctrina que surgió en el siglo IV en Alejandría. Postulaba que Cristo fue creación de Dios.

Espíritu Santo, como parte de la Trinidad. Porque si bien es cierto, Dios uno es, recordemos lo que en Juan 1:1. Menciona al respecto:

> *"En el principio era el Verbo, y el Verbo era con Dios, y el Verbo era Dios" (Juan 1:1)*

San Juan detalla esa unificación entre el hijo y el padre, y como Cristo obedece al padre al venir a la tierra a encarnarse.
En otro pasaje esto está mucho más claro. En Juan 6:38 dice:
> *"Porque he descendido del cielo, no para hacer mi voluntad, sino la voluntad del que me envió" (Juan 6:38).*

En este caso, Cristo hablaba de su padre.
Para comprender la doctrina de la trinidad, varios teólogos pentecostales, como Marck D. McLean, mencionan que es necesario abandonar la lógica, puesto que, al ser Dios, un ser divino, sus cualidades (incomprensibles) representativas en la naturaleza humana, serían la perfecta definición para entender, de qué se trata, de alguien superior a nosotros.

> "La doctrina de la Trinidad se refiere a un Ser infinito, que se halla, más allá de una comprensión total por parte de sus criaturas finitas" (Horton, 1996. p. 379)[66]

En este sentido, tratar de comprender la Trinidad, lógicamente, no es el camino más adecuado, lo más aceptable es entender que esta (Trinidad) está implícitamente en toda la escritura. Es aquí donde podemos entender como aplica la teoría de la causa divina que más adelante abordaremos.

---

[66]Horton, S. (1996) Teología Sistemática; una perspectiva Pentecostal. Editorial Vida. p. 379

*Semiótica Eclesial*
## Las Interpretaciones de la Espiritualidad Pentecostal

En este segmento consideraremos aquellas manifestaciones del Espíritu Santo. Doctrinas que ha sido calificada muchas veces como algo *exorbitante e innecesario para la iglesia*, sin embargo, esta experiencia revitaliza la iglesia pentecostal y reconecta con puntos importantes históricos del movimiento.

Es en este punto donde se debe considerar a aquello que podríamos denominar como la "comunicación pentecostal[67]".

Podría decir que, a diferencia de otras iglesias o denominaciones, la iglesia pentecostal mantiene un signo religioso completo, es decir, si se entiende por religión a ése ente, o punto central terrenal que permite la conexión de lo espiritual con lo terrenal, mereciera tener un signo que contenga, tanto lo terrenal como lo espiritual, por lo tanto, las características que la iglesia pentecostal mantiene es exactamente de un signo completo (en este mismo sentido)

El signo religioso de la iglesia pentecostal, en este sentido podríamos considerarlo como *"el signo religioso-espiritual por antonomasia"*, puesto que no omite la participación espiritual, sino que da margen a lo inexplicable, no entendible y extraño (lenguas). En conclusión, podríamos decir que la iglesia pentecostal, al mantener el *"signo religioso-espiritual por antonomasia[68]"*, podría ser aquella iglesia que verdaderamente esté viviendo su espiritualidad y religiosidad de manera completa, sin omisiones.

---

[67] La "comunicación pentecostal" mantienen en si misma un signo visible y un signo invisible que le da identidad. En éste sentido es un doble proceso de interpretación del signo.
[68] Signo completo (*espiritual-material/terrenal*)

## Cognitive Science of Religion y las implicaciones a la espiritualidad pentecostal

Antes de introducirme a la espiritualidad pentecostal de la manifestación del Espíritu Santo en hablar en lenguas, desde el MSE, quisiera considerar algo que muy recientemente estoy viendo y refiere a la espiritualidad.

Recientemente, me encuentro realizando un curso en Philosophy, Science and Religion en The University of Edinburgh y uno de los puntos que llamó mi atención, de lo cual he hablado y establecido dos posturas de defensa de la iglesia, es el Cognitive Science of Religion. Este es un estudio que, en síntesis, analiza a la iglesia desde un punto de vista científico desde la neurociencia. Establece parámetros para determinar (neuronalmente) que es lo que ocurre o porque ocurre, cuando la persona llora, cuando levanta las manos, habla en lenguas, danza, grita, etc., en su religiosidad. Y el estudio dio por conclusión que todo se trata del contexto, no de Dios. Algo que como cristianos no aceptaríamos, sin embargo, rebatir, o intentar hacerlo desde la neurociencia no habría mucho sentido, sino hacerlo desde la experiencia.

*Quiero ser más preciso. El Método Semiótico Eclesial es un método para beneficio de la iglesia, y también es para proteger la doctrina, pero además de ello es una defensa ante las interpretaciones equivocadas sobre la iglesia (los análisis semióticos a la religión) los cuales evidentemente, y de la misma forma que el CSR están enfocados en algo que no tiene una interpretación concisa y clara. Lo correcto es interpretar en "función dé" no sobre lo que está*

*Semiótica Eclesial*

*ocurriendo porque claramente, y creo que cualquier cristiano no podría definir a precisión algo espiritual que ocurre, y solo podríamos decir "es Dios o no es Dios" dependiendo de la afiliación espiritual humana al Espíritu Santo. Porque, por supuesto, tenemos un espíritu afiliado a Él.*

Ante las posturas sobre el CSR me di a la tarea de entender al menos lo más general para ofrecer una posible respuesta.

Ofrezco al menos dos respuestas ante el CSR, y su interpretación eclesial.

## 1. Defensa desde el libre albedrío

El libre albedrío es algo que no solo la mayoría de los padres (patrística) de la iglesia aceptaban, sino que también tiene todo el sentido, incluso desde un punto de vista no religioso. En este subtema, consideraremos el libre albedrío como defensa de la religiosidad y espiritualidad pentecostal ante las CCR[69], puesto que sin el libre albedrío, la espiritualidad no tendría sentido, según lo propuesto por el Cognitive Science of Religion.

Antes de adentrarnos, es importante destacar que este pensamiento de no-participación divina en la experiencia religiosa y aceptación lógica e incluso científica es muy similar a aquellas iglesias o teologías lejanas a la biblia. Sobre ello, podríamos hablar de la denominada Teología del Proceso[70], de Charles Hartshorne y John B. Cobb adaptando conceptos filosóficos de

---

[69] CCR= Ciencias Cognitivas de la Religión (CSR en inglés)

[70] La teología del proceso es una corriente teológica contemporánea basada principalmente en la filosofía del proceso. Una de las doctrinas clave es que Dios no puede intervenir de manera coercitiva o milagrosa, minimizando de esa forma al Dios bíblico.

Alfred North[71], que muestra a un Dios carente y poco poderoso pero adaptable a las investigaciones científicas modernas. Por lo tanto, ésta teología y sus afiliados, podrían estar en acuerdo con los desarrollos investigativos de las ciencias cognitivas de la religión a la espiritualidad de la iglesia.

Si consideramos que el CSR, elimina la posibilidad de que la presencia de la cual goza la iglesia se refiera a una experiencia divina, entonces, tal y como lo dicen, "no necesariamente es Dios, sino nuestra mente y el contexto". Este mismo pensamiento permanece en otras denominaciones que pareciera estar muy Ad hoc a estas declaraciones, o al menos sus pensamientos así parecen. Algunos declaran que las manifestaciones exacerbadas en iglesias pentecostales, no son más que escándalo y desorden. Casi como con una intención de establecer un estándar de figura eclesial, aconsejando no practicar dichas cosas porque (muchas veces en sus palabras) "no es de Dios". Ahora bien, demos lugar a este pensamiento por un momento. Supongamos que aceptamos la posibilidad de adherirnos a un tipo de religiosidad ""sujeta" con una espiritualidad "reprimida" para pasar a una liturgia muy sacramental, en este sentido, el CSR, tendría (disculpe la redundancia) todo el sentido. Porque si nosotros, como podemos reprimir nuestra espiritualidad a un modo de espiritualidad muy cómoda para algunos, es porque no estábamos conectados con algo omnipotente, omnisciente ni omnipresente. En ese sentido, el

---

[71] Alfred North Whitehead (1861–1947) fue un matemático y filósofo británico, conocido por su colaboración con Bertrand Russell en *Principia Mathematica* y, posteriormente, por desarrollar una metafísica original conocida como filosofía del proceso que posteriormente fue adaptada por Charles Hartshorne y John B. Cobb a una teología denominada teología del proceso.

límite para la sujeción no existe. Porque estamos estableciendo "nuestros límites" sobre las "experiencias espirituales". Ciertamente, y creo que muchos hermanos estarán de acuerdo conmigo, hoy desafortunadamente en el pentecostalismo se han introducido movimientos que no son más que "emoción sin espíritu", pero cuando hablamos de la espiritualidad, no podemos tratarla como una práctica sino como un hecho, no traducible ni cuestionable.

En 1 corintios 14 detalla algo muy singular, respecto a las lenguas, y aunque ciertamente, algunas denominaciones determinan que se refiere a lenguas humanas y no lenguas extrañas, como Cristo mencionó en Marcos 16:17, lo que sí es cierto, es que no las omite. Es decir, Pablo veía esa experiencia espiritual, hubo quizá una exacerbación en su práctica, pero Pablo no lo condenó, sino que estableció lineamientos de su uso. Es decir, el Apóstol les otorgó la guía para poder dirigirse en la experiencia espiritual, En ese caso ¿no sería omitir o intentar desconectarse de Dios?, para nada, sino que, por causa del libre albedrío, tenemos la oportunidad de tener sosiego cuando el Espíritu Santo se manifiesta, sin afectar nuestra relación con Dios. El reconocido Dr. J. Vernon McGee ministro bautista ordenado, y radio-predicador, en una ocasión, en un programa radial[72] el cual se emite en más de 100 idiomas en múltiples radios alrededor del mundo; en uno de los programas, dijo lo siguiente:

---

[72] J. Vernon McGee fue el presentador y predicador principal del programa "A Través de la Biblia" hoy transmitido en múltiples emisoras radiales al rededor del mundo, a través del ministerio "Radio Transmundial". El trabajo del Dr. Vernon McGee se enfocó en estudiar toda la biblia, desde Génesis hasta Apocalipsis, trabajo plasmado en comentarios bíblicos del Dr. que surgieron de su estudio, el cual abarcó al rededor de cinco años.

> *"Nosotros como calvinistas deberíamos ver a nuestros amigos pentecostales, y aprender de ellos. Ellos están realmente viviendo una vida totalmente olvidada por muchos, se llama "santidad".* — Dr. J. Vernon McGee.

El Dr. Vernon McGee, siendo bautista/calvinista, reconocía esa necesidad de conocer al Espíritu Santo a través de la manifestación, algo que lamentablemente muchos intentan omitir. Es por ello que consideramos que, quizá, la postura de muchos respecto a las manifestaciones es únicamente producto de una mala interpretación bíblica ó un hecho específico (del neo-pentecostalismo[73], por ejemplo) que les produjo un desagrado. Por ende, la condena completa. Sin embargo, hay mucho mayor valor en experimentar al Espíritu Santo, tal y como lo hemos detallado. Esta experiencia nos permite tener una defensa, desde el libre albedrío, respecto al CSR.

---

[73] Se refiere a una línea de pentecostalismo que en muchas ocasiones se relaciona con el denominado *evangelio de la prosperidad*. Algo no aceptado por el pentecostalismo clásico; sin embargo, en algunos casos existen lazos de alianza en temas de evangelismo.

*Semiótica Eclesial*

# XIII. TEORÍA DE LA CAUSA DIVINA COMO RESPUESTA PENTECOSTAL A LAS CIENCIAS CONGNITIVAS DE LA RELIGIÓN

Perspectivas académicas/neurocientíficas

**1. Visión general de las Ciencias Cognitivas de la Religión (CCR)**

Las Ciencias Cognitivas de la Religión (CCR) exploran cómo las estructuras cognitivas humanas predisponen a la creencia religiosa. Autores como Justin Barrett proponen el Dispositivo de Detección Hiperactiva de Agencia (HADD), argumentando que los humanos están diseñados para percibir agencia incluso en situaciones ambiguas, lo que con frecuencia conduce a la creencia en deidades. Pascal Boyer] explica la persistencia de la religión a través de conceptos mínimamente contraintuitivos: ideas que son en su mayoría intuitivas, pero que contienen un pequeño giro sobrenatural que las hace memorables y fáciles de transmitir. Por su parte, Harvey Whitehouse distingue entre modos doctrinales e imagísticos de religiosidad, vinculando la intensidad y frecuencia del ritual con la memoria y la formación comunitaria.

## 2. Evaluación crítica desde una perspectiva pentecostal

Si bien las CCR ofrecen marcos útiles para entender la cognición religiosa, desde una perspectiva pentecostal surgen importantes objeciones. La teología pentecostal afirma la realidad del encuentro divino y la revelación, que no pueden reducirse a productos cognitivos. La experiencia del Espíritu Santo - incluyendo la glosolalia, visiones y sanidades - trasciende la utilidad evolutiva. Las CCR tienden a tratar la fe como una adaptación cognitiva, más que como una realidad relacional arraigada en la agencia divina. El pentecostalismo insiste en que los fenómenos espirituales no son errores de la mente, sino encuentros con lo trascendente.

## 3. Desarrollo de la Teoría de la Causa Divina

La Teoría de la Causa Divina sostiene que los signos y experiencias religiosas no son meramente construcciones interpretativas o adaptaciones culturales, sino manifestaciones de una iniciativa divina. Arraigada en la epistemología pentecostal, esta teoría afirma que el Espíritu Santo es el agente hermenéutico que da significado al signo. La Causa Divina implica que todo signo espiritual auténtico se origina en la acción volitiva y comunicativa de Dios. Esto incluye los dones carismáticos, las palabras proféticas y los momentos de revelación. A diferencia de las CCR, que parten del cerebro humano, esta teoría parte de la intención divina. Los signos no son generados por necesidades de supervivencia, sino por el deseo de Dios de ser conocido, adorado y obedecido.

## 4. Integración teológica y diálogo constructivo

Frente a los postulados naturalistas de las CCR, la Teoría de la Causa Divina propone un marco pneumatológico donde los procesos cognitivos no eliminan lo sobrenatural, sino que lo revelan en colaboración con el Espíritu. Desde esta postura, la teología pentecostal puede dialogar con la ciencia sin rendirse a sus reduccionismos. El objetivo no es refutar las CCR, sino señalar sus límites y abrir espacio para una comprensión que integre revelación, experiencia y discernimiento espiritual.

## 5. Conclusión: fe, revelación y Espíritu

La fe no puede ser totalmente explicada por mecanismos cognitivos. El Espíritu Santo irrumpe, transforma y comunica, y es esta acción la que da origen a los signos verdaderamente eclesiales. La Teoría de la Causa Divina invita a una lectura espiritual del fenómeno religioso, donde el símbolo no es solamente cultural, sino sacramental. La iglesia pentecostal, al asumir esta premisa, afirma que detrás de cada signo hay una intención divina, una causa no reducida a procesos adaptativos, sino inspirada desde el corazón de Dios.

## Adentrándonos a la Teoría

## Defensa la Reacción, concepto externo en la causa y el efecto (Teoría de la causa divina)

Sin embargo, hay mucho mayor valor en experimentar al Espíritu Santo, tal y como lo hemos detallado anteriormente. Esta experiencia nos permite tener una defensa, desde el libre albedrío, respecto al CSR.

Normalmente, podemos considerar que todo tiene una causa y efecto. En este punto estableceremos una base para determinar que el CSR, no solo no tiene un sentido claro con respecto al estudio y análisis a la iglesia y su religiosidad, sino que se establece que, todo análisis a la iglesia no puede pasar por conceptos sin considerar el motivo de su religiosidad, sus bases fundamentales y doctrinas. Para entender este punto (esta postura) respecto al CSR, usaré una analogía que en algunas ocasiones la he utilizado. Supongamos que vas en tu auto, en una carretera de cuatro carriles, dos de ida y dos de venida. Y en algún punto logras ver un auto chocar. Te detienes notas que el auto que chocó en el carril del otro lado de la barrera de contención, era una mujer que venía con niños. Afortunadamente, está bien, sin embargo, esto produce algo en ti. El querer hacer algo por ella o al menos que ella sepa que te tiene a ti como una posible ayuda cercana. En esta pequeña ilustración podemos notar que hubo una causa y un efecto que produjo el accidente. Quizá la mujer iba atendiendo una llamada, o intentaba alcanzar algo de abajo del asiento, lo cual ocasionó el accidente. Claramente, está, la causa y el efecto. Pero tú como espectador no formas parte, ni de la causa, ni del efecto, sino que eres un solo espectador, algo externo a la situación desarrollada. A esto yo le llamo "reacción".

> *La reacción es una forma de entender el entorno a partir de estímulos humanos, generados por lo que ocurre, en determinados casos, catastrófico y en algunos, muy placentero. Pero jamás lograremos (si nos encontramos en este punto de comprensión contextual) comprender cómo, y por qué sucedió, más allá de lo que nos podrían decir. Ceniceros, M. (2024)* [74]

Para entender esta situación es requerible considerar que si no formamos parte del hecho en cuestión, quizá podríamos formar parte, pero de un punto reaccionario, (en el sentido de reacción humana, un estímulo producido por algo que vemos) de esta forma tiene sentido el punto de vista, tanto del CSR, como del análisis que desde la semiótica (académicamente hablando) se ha realizado a la iglesia. Porque lo han hecho analizando el efecto, no la causa, por tanto, se encuentran en un punto reaccionario.

Ahora bien, es preciso considerar que la causa y el efecto humano, se encuentran muy juntas, casi es difícil que estas no se encuentren en el mismo lugar, pero cuando hablamos de la causa divina y el efecto humano, estos dos están distantes, no tiene una relación cercana.

---

[74] Ceniceros, M. E. (2024) Postulaciones y Nuevos Conceptos de Liderazgo Pentecostal.

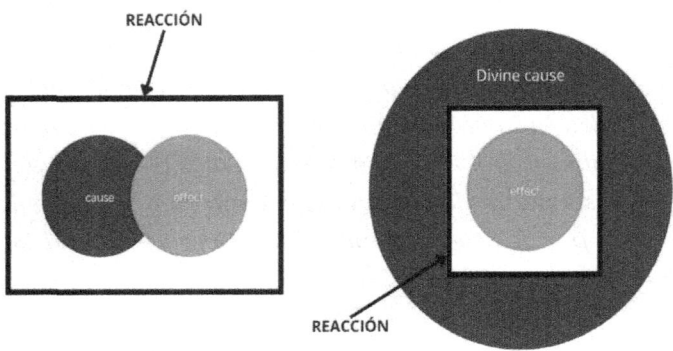

*Imagen por: (2024) M. Emanuel Ceniceros. [«Reacción» entre la causa y el efecto].*[75]

En esta imagen podemos ver con mucha más claridad. En la izquierda notamos la causa y el efecto unidos, por necesidad, claramente, y el punto reaccionario puede ver, tanto la causa como el efecto. Pero esto es distinto en la causa divina *(Divine cause)* porque aquí la causa está fuera del alcance del efecto, y lo que produce la causa en el efecto es de interés, por tanto, no se logra apreciar como ocurrió. Al ser Dios, un ser omnipotente, omnisciente, omnipresente, pero además, a-temporal y a-espacial, es natural que la causa divina no se encuentre en un punto cercano, sino "ilógicamente" lejos de nuestra mirada. Para ejemplificar, volvamos a la analogía del auto chocado. Supongamos que vas en la misma carretera y te encuentras al mismo auto, pero de un instante a otro el auto presenta un desperfecto que cuando te detienes a ver está totalmente abollado como si hubiese sido chocado, pero no lo fue, porque la causa estuvo lejos del efecto, de tal modo que no habría forma de verla. En este sentido, tanto el CSR como los análisis semióticos desde el área académica; lo que realiza es un análisis del efecto desde un

---

[75] Imagen de "Reacción" en la causa y el efecto. Por M. Emanuel Ceniceros

punto de vista reaccionario intermedio, de tal modo que no logra ver la causa, por lo cual, su resolución siempre será una definición de no estar plenamente seguro si Dios existe o no, porque estudió el efecto, no la causa.

## Teoría de la Causa Divina y la Semiótica Eclesial

En la semiótica eclesial esto cobra relevancia vital, puesto que gran parte del desarrollo cristiano, el crecimiento de la iglesia (los feligreses) y el entendimiento de quién es Dios, es preciso considerar ¿cómo o por qué ocurren cosas que nacen de lo inexistente? Quizá aquí podríamos entrar en un tema más fenomenológico al considerar situaciones que, en lo tangible, son reales en cuanto a lo testimonial bíblico y moderno, es decir, la iglesia pentecostal actual.

Al ver el proceso de la iglesia y como en determinados momentos los milagros han sido parte fundamental para la fe, la fenomenología ofrece un punto de referencia en cuanto a su entendimiento, pero la semiótica eclesial, sujeta a dogmas establecidos como concilio, también se sujeta a algo divino: Dios. Para tener una resolución mucho más clara respecto a la espiritualidad es fundamental el método semiótico eclesial.

Ahora bien, considerando todo lo anterior, y aunque la tricotomía de pensamiento de Pierce podría tener sentido para definir o proveer de una resolución concreta a la religiosidad, lo cierto es que continúa careciendo de algo, los dos agentes externos y la autoridad que darían claridad a la espiritualidad en la religión. Ya que esta semiótica continúa teniendo una interpretación personal, es decir, la libre conciencia del individuo, y si consideramos tomar esta, para aplicarla en la religión, simple y sencillamente habría una mezcla de doctrinas, ideas, pensamientos religiosos e incluso, mezcla de herejías.

Es factible cuando se analiza, pero para dar una resolución clara y precisa sobre la espiritualidad, es necesario el método semiótico eclesial, por causa de que la iglesia es corporativa y el método, también, un método semiótico corporativo sujeto a sus raíces logrará encontrar la resolución concreta sobre el motivo y/o propósito de su espiritualidad. Puesto que todo el desarrollo eclesial surge de lo que la iglesia en cuestión cree, estipulado en sus confesiones y/o constituciones.

Damos por conclusión que el MSE tiene más factibilidad para la comprensión de la espiritualidad en la religión, sea cual sea la denominación. Claramente, este tiene un enfoque pentecostal.

# XIV. LA IGLESIA Y LA CULTURA; APORTACIONES A LA MISIONOLOGÍA DESDE LA SEMIÓTICA CULTURAL

La iglesia se encuentra en un punto de necesidad de predicar el evangelio en un mundo excesivamente globalizado y desculturalizado. Pareciera que la desculturización podría ayudar; sin embargo, no necesariamente es así, puesto que la cultura supone un conjunto de normas que establecen ciertas acciones y maneras de comprender la sociedad.

Hemos sido testigos de como el evangelio se ha expandido por todo el mundo, llegando incluso a lugares impensables. Hace poco, supe de algunos misioneros pentecostales en Corea del Norte, lo que demuestra un énfasis en predicar la palabra de Dios a las almas perdidas, pero ¿se considera la cultura como un elemento importante para la predicación?. Por supuesto. El Larry Pate[76] muestra la necesidad de adaptar ciertos elementos culturales para la predicación, lo cual es bueno contemplarlo; sin embargo, siendo mucho más preciso podríamos caer (si no se cuida como se lleva el mensaje y la utilización de los elementos simbólicos culturales) en una "violencia cultural". Ciertamente, no es algo que como cristianos deseamos, y generalmente buscamos la paz y concordia, pero podríamos caer como en algunos momentos en los años pasados.

La semiosfera de Lotman nos muestra una forma muy particular de ver las culturas y como éstas convergen, como traducen signos y como resignifican sentido. Pero ¿es propio o necesario que una semiosfera se apropie de la otra? Puesto que la religión en sí misma podría considerarse un conjunto de culturas, pero preservando en sí misma una *supracultura*[77] lo cual se ve reflejado al momento de llevar el evangelio a partes lejanas de las ciudades o países, no solamente, el misionero o evangelista lleva su cultura (mexicana, colombiana, brasileña, etc.) sino que también preserva en sí mismo una *supracultura*, la cual comparte con millones de personas alrededor del mundo, por lo tanto ésa semiosfera religiosa podría generar cambios importantes.

Para comprender ésos cambios, debemos considerar ¿cómo ven la iglesia desde la cultura?. Muchas veces la iglesia no es el mejor lugar para asistir. De hecho, la iglesia, por ejemplo, la católica romana, ha realizado muchos actos inadecuados a las culturas y en muchos países no es una opción, el problema es que ése daño

---

[76] Autor del libro "Misionología; nuestro cometido transcultural"

[77] Podría considerarse "supracultura" a una cultura que trasciende todas las demas; sin embargo en éste caso se otorga un carácter teológico denominando así, "supracultura" a la cultura de Dios (cultura celestial)

## Semiótica Eclesial

que la iglesia católica realizó, también afecta a la iglesia protestante, puesto que, una vez dañada la sociedad no permitirá una explicación de cómo, quiénes y por qué se realizó.

Ciertamente, la iglesia protestante siempre ha estado en movimiento, y en muchos momentos se encontró en disputas contra la iglesia católica romana.

### La Iglesia, la Violencia Cultural y la Traducción según la Semiótica de Lotman

Actualmente, ambas iglesias tienen sus enfoques claros, en lo que concierne a la iglesia protestante, el enfoque que busca es predicar el evangelio, y quitar todos aquellos sesgos para que el mensaje sea lo más amigable.

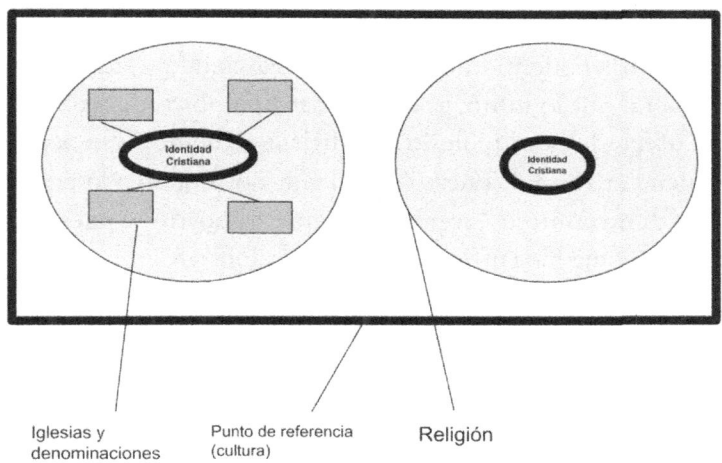

Imagen: Por: M. Emanuel Ceniceros [Iglesias, Religión e identidad cristiana = cristianismo real] Semiótica de la cultura y la religión[78]

---

[78] Imagen de forma sencilla para comprender donde se encuentra cada elemento [iglesia, religión, e identidad cristiana] La figura muestra: [1] la iglesia protestante y [2] la iglesia católica romana. Éstas dos, son las de mayor crecimiento en el mundo; sin embargo, una de ellas opta por presentarse a la

La imagen que se presenta muestran dos círculos, que representan la iglesia protestante (izq.) y la iglesia católica romana (der.). La iglesia protestante contempla múltiples denominaciones e iglesias, mientras que la iglesia católica romana, solo ella misma, sin embargo, hay algo que permanece idéntico, esto es la "identidad cristiana" ¿Qué es identidad cristiana?, no es más que las acciones sociales que se manifiestan en los cristianos y que son valoradas por la sociedad. Éstas acciones tienen en sí mismo un valor mayor (socialmente hablando) que los propios dogmas.

Por ejemplo: una persona que fue dañada por la iglesia y no quiere volver a saber nada de ella. Tendrá en el mismo concepto de reprobación tanto a la "religión" como a la "iglesia", sin embargo, el concepto de "identidad cristiana" trasciende éstas dos de manera social por lo tanto, podrían existir palabras de ésa misma persona, afectada por la iglesia que diría algo como: "esa persona es una buena cristiana". Puesto que el valor otorgado a la palabra "cristiano", en cuanto a "acción", siempre es positivo, puesto que alude al personaje más influyente cuyas acciones fueron en contra de lo "religioso". És aquí donde la iglesia puede considerar adaptar su mensaje.

---

humanidad como la "verdadera iglesia", con ciertas ambigüedades. En el caso de la iglesia protestante, su manifestación en la cultura es múltiple, pero esto no significa que se hayan extraviado de la fe, sino que el desarrollo teológico ha dado múltiples resoluciones, pero en lo medular todas las iglesias cristianas protestantes, comparten la misma fe y la misma identidad cristiana (acción en lo social-cultural) sin mutilar la cultura de las sociedades, como ha sido los desafortunados casos de los intentos de evangelización forzosa en los tiempos de las conquistas de Las Américas.

## Semiótica Eclesial

Hemos visto mucho, como se ha intentado predicar don esfuerzos de dogmatizar una sociedad, sin embargo, la esencia pura del cristianismo, en sí mismo, transforma, y por supuesto el mensaje de Jesucristo es y seguirá siendo poderoso.

Ahora bien es necesario considerar que aquello que podríamos considerar como "violencia", debemos evitarlo y buscar alternativas para que el mensaje sea fiel, entendible y adaptable sin vulnerar ni dañar las culturas, sino proporcionar una nueva cultura, "la supracultura", necesaria para las culturas. La Iglesia puede evitar esta violencia simbólica si elige caminos de diálogo, escucha, y traducción cultural. Algunas estrategias incluyen:

- Traducción cultural del mensaje bíblico, más allá del idioma[79]

- Contextualización e inculturación respetuosa[80]

- Adopción de elementos culturales resignificados para el evangelio[81]

---

[79] Cuando se habla de "traducción" no necesariamente (o únicamente) podría referirse al textual, sino a todo lo que compone la multiculturalidad y que es modificado.

[80] Para la iglesia añadirse a una cultura resulta no adecuado, puesto que la iglesia mantiene en sí misma una cultura propia. Al mencionar ésto (inculturación respetuosa) se puede entender como la participación, no necesariamente de la iglesia pero sí del misionero en determinada cultura a fin de lograr un propósito. Pensemos un momento en un joven misionero, que se encuentra en una región complicada. Usar elementos culturales para la evangelización, no solamente beneficia, sino da un "plus" a su mensaje en ése contexto.

[81] La iglesia ha resignificado múltiples, prácticas culturales o elementos que permanecen en éstas, el ejemplo más claro es el árbol de navidad.

- Práctica de un intercambio bidireccional, no unidireccional[82]

Las culturas son heterogéneas, pero la iglesia, podría suponer una homogeneidad, por lo tanto, el mensaje debe considerar la "no-violencia" en el sentido de adaptar usos, signos, imágen, etc. que permita que el mensaje bíblico sea llevaron a las personas de una manera fiel.

Uno de los ejemplos más importantes y necesario destacar para comprender el buen entendimiento de la cultura y la evangelización es la traducción del nuevo testamento por parte de Martín Lutero. La traducción de Lutero, a pesar de que se trataba de un texto religioso, no suponía una modificación en las culturas, sino un acercamiento al documento religioso que hasta ése momento no se tenía acceso. Algo similar ocurre en las comunidades indígenas, cuando por primera vez pueden tener acceso a un documento en su dialecto.

---

Inicialmente usado para un propósito cultural (particular) pero la evangelización permite una resignificación de ése signo. Por causa del mensaje, el representamen que subyace en la interpretación cognitiva del individuo dota de una nueva significación a ése signo. Permitiendo un acercamiento a la cultura, sistemático, no dañino y mostrando el beneficio de aceptar a Cristo.

[82] Las teorías de la comunicación como la de Lasswell demostraron en su momento una participación nula de la población en el intercambio de ideas. Lo que suponía un tipo de "comunicación de control de masas". Lo cual en su momento (negativamente) benefició a poderes totalitarios; lograron una permanencia durante varios años. En la cultura moderna no existe una aplicación como tal o similar a la teoría de Lassell, sin embargo, podríamos caer en un símil, cuando por causa de autoridad + la modificación de elementos que establecen cambios (traducción) podríamos caer en un tipo de comunicación unidireccional. omitiendo la posibilidad de que la sociedad (cultura) tenga una participación.

*Semiótica Eclesial*

Estas acciones de la iglesia protestante a lo largo de los años ha sido crucial para la evangelización. Ése es un gran punto a favor de la iglesia protestante, pues acercan el texto religioso a la cultura, es decir, hacen parte a la sociedad de lo religioso.

Aunque, ciertamente hay un gran beneficio a la iglesia protestante, siempre existe un problema al momento de ejercer el evangelismo. Entendermos que se trata de una lucha espiritual, sin embargo tambien hay algo muy particular que durante años, en concreto, la iglesia católica ha realizado pero no se ha considerado ver, y es el hecho de que la iglesia católica utilizó la "cultura" para establecer su religión. Es decir, la religión de la iglesia católica es actualmente "cultura", y es prácticamente difícil de separar. Intentarlo sería atentar contra los valores sociales y contra la misma nación donde se encuentre. Por ello la mal llamada "batalla cultural" no podría ser de interés, ni mayor valor que la espiritual, ni deberia ser de atención por el creyente protestante puesto que, el protestante no estalece una cultura, ni busca defender ninguna. Intentar entrar en esa "batalla cultural" es defender (indirectamente) la cultura socialmente relacionada con la relición católica.

La iglesia protestante debe (siempre) remitirse al evangelio, no intentar quitar algo para remplazarlo por otro, sino dejar que el evangelio haga el cambio en las vidas.

*M. Emanuel Ceniceros*

# XV. SEMIÓTICA Y LA INTELIGENCIA ARTIFICIAL; DIOS HOMBRE Y LAS IA´s

Ha habido muchos debates y se ha escrito mucho respecto a éste tema. Muchos lo ven con preocupación, algunos otros con oportunidades, pero creo que podría haber un punto medio en el cual la "responsabilidad y ética" no solo jueguen un papel importante, sino que sea una premisa fundamental para hoy y el futuro. Sin embargo, aún más allá de éso, me gustaría relacionar éste tema con la semiótica de la cultura y las implicaciones de la IA en éstas, asimismo, ¿que papel juega la iglesia en éste contexto?.

**Los nuevos panoramas para las culturas.**
Entendemos que la semiótica en la cultura es un conjunto de signos que constantemente estan en movimiento, aquello que Lotman consideraba como semiosfera; sin embargo, hay algo que

también podríamos llamar como la hipersemiosfera, aquella que contempla la totalidad de las culturas y los efectos que habría en cada una de ellas en tanto haya un punto de enlace o que permita la relación, unión positiva o negativa entre dos o varias semiosferas. En términos simples, una hipersemiosfera, está compuesta por múltiples semiosferas que éstas a su vez contienen culturas y subculturas.

En la actualidad, las nuevas tecnologías y las modernas y ahora abiertas a todo público, las inteligencias artificiales, suponen un cambio importante en la sociedad. Puesto que éstas generan «homogeneidad».

Desde hace años hemos visto como la tecnología ha avanzado demasiado, tanto que hoy en dia tenemos en nuestras manos, pequeños dispositivos táctiles (smartphone) que nos permiten acceder a prácticamente toda la información del mundo, pero además de ello, esos dispositivos emanan un signo homogéneo tecnológico. Ahora bien, no siempre fue así.

"El 17 de octubre de 1973, (Motorola) logró crear el denominado Radio Telephone System, el popular sistema de telefonía" (telefónica, 2023)[83] el dispositivo denominado como DynaTAC 8000X, fué una revolución tecnológica, y también, posteriormente apodado el "ladrillo" por la particular forma en como estaba diseñado, sin embargo, ése diseño, y los diseños subsiguientes que otras marcas de telefonía comenzaron a realizar, tenían características muy distintas unas de otras, ningún teléfono era similar en su totalidad, todos mantenían una distinción particular tecnológica. Pero todo cambio el 29 de junio de 2007. Durante "la

---

[83] Telefonica (2023) ¿Quién inventó el primer teléfono móvil?. Obtenido de: https://www.telefonica.com/es/sala-comunicacion/blog/quien-invento-primer-telefono-movil/

convención Macworld de enero de 2007, Steve Jobs subió al escenario para anunciar que estaban a punto de lanzar el primer teléfono de Apple" (Alonso, M., 2025)[84] nombrado "iPhone". Éste diseño marcaría una diferencia, pero también un punto de referencia a las demás empresas. A día de hoy, todas las empresas de telefonía móvil tienen, ciertamente, diferencias, en cuanto a sus funcionalidades, pero la imagen, es exactamente la misma.

Ésto, aunque pareciera algo sencillo y de poca importancia, tiene relevancia puesto que éstos teléfonos celulares, se encuentran en cada una de las culturas, és parte de ellas, de hecho el término "nativo digital", es aquel que es asociado a las nuevas generaciones que nacieron con ésta tecnología. Lo que nos indica que las nuevas culturas (las futuras) tendrán una gran influencia de la tecnología, misma que opta por tener una imagen particular, algo similar a lo que en la cultura se considera como "homogéneo", y que esto es contrario a la misma cultura. En ese sentido, en el futuro podríamos tener una cultura lejana a una heterogeneidad, y mas acercada a ése tipo de sociedad que las películas de Hollywood, nos venden, donde todos portan las mismas vestimentas, todos usan la misma marca de vehículos y las casas donde viven, son prácticamente idénticos.

## La IA, Dios, y el Hombre

La inteligencia artificial es también un factor importante de cambio en la cultura, y es relevante comprender ésto, desde los conceptos de la definición de cada uno: Dios, IA, y Hombre y su

---

[84] Alonso, M. (2025) ¿Cuándo se lanzó cada modelo de iPhone?. Obtenido de: https://rossellimac.es/blogs/blog/cuando-se-lanzo-cada-modelo-iphone#:~:text=En%20la%20convenci%C3%B3n%20Macworld%20de,y%20se%20lanz%C3%B3%20al%20p%C3%BAblico.

rol en éstas nuevas sociedades. Por supuesto, con un enfoque teológico.

- **Dios**

El ser humano no crea desde la nada (ex nihilo) como Dios; crea tecnología, desarrolla, diseña, etc. En cambio, Dios crea ontológicamente, sostiene el ser, y no depende de lo creado.

- **La Inteligencia Artificial**

Ontológicamente, la IA está por debajo del ser humano, no porque sea "inferior" en capacidades técnicas, sino porque no participa del misterio del ser humano creado a, Imago Dei[85]. Es decir, la IA no tiene autonomía ontológica, solo funcional y contextual. Pero además de ello, aunque es creación del hombre, en éste caso, a diferencia de Dios, el hombre moderno sí depende de ésta, como un tipo de colaboración ética.

- **El Hombre**

En ese sentido, la responsabilidad del hombre no solo recae en las cosas que Dios le ha permitido administrar, sino en aquellas que, en conocimiento otorgado por Dios, le ha permitido crear. Es decir, el ser humano está llamado a ser mayordomo de la creación, no solo de los árboles o animales, sino incluso de las herramientas que crea.

- El hombre no es Dios de la IA, sino su creador instrumental.
- La IA no es igual al hombre, porque no tiene alma ni identidad trascendente.

---

[85] Frase del latín que significa "imagen de Dios"

- El hombre tiene la responsabilidad moral y espiritual de cómo la usa.
- La IA no puede orar, amar ni redimirse, el hombre sí puede. Eso lo hace infinitamente más alto en la jerarquía de la creación, pero no como un dios de ella, por tanto, que el hombre no crea desde la nada (ex nihilo)

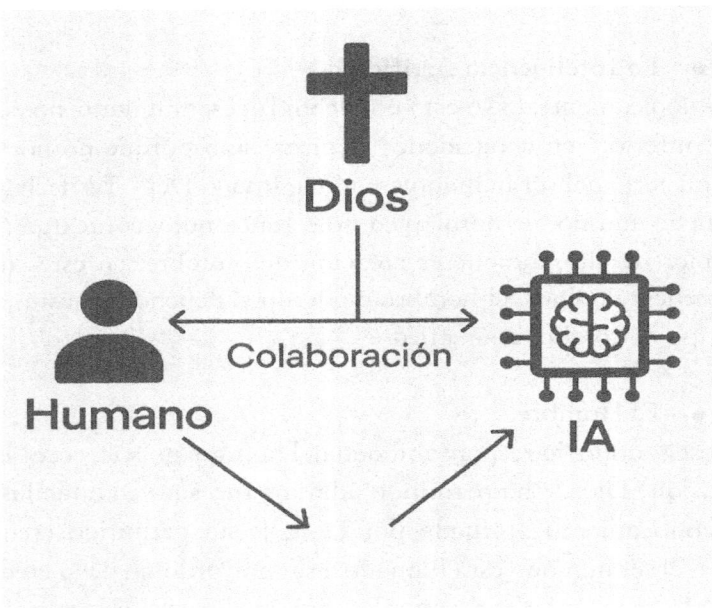

*Hombre creador-colaborador*[86]

Dios es Dios creador del hombre, el hombre es creador colaborador de lo creado; lo creado es herramienta útil para

---

[86] La imagen representa al hombre como creador, colaborador de la IA, y Dios, en un punto superior, como el dador de las capacidades intelectuales dadas al hombre que éste a su vez usó para la creacion de las herramientas tecnologicas, entre ellas las IA´s.

beneficio del hombre que, a su vez, (el hombre) usa para agradar a su Dios.

(IA, de utilidad en el servicio religioso, no necesariamente dentro de la iglesia, pero sí en áreas importantes del desarrollo de la misma)

En ese sentido concluimos que la inteligencia artificial puede ser usada éticamente a fin de (en colaboración) desarrollar proyectos, alcanzar más almas para Dios, etc. Puesto que la responsabilidad del hombre sobre las cosas, no solo aplica a lo creado por Dios, sino a aquello que Dios permite que el hombre pueda crear. Colaboración de La Inteligencia Artificial en la iglesia; la obra del Espíritu Santo en el contexto Asiático.

La inteligencia artificial no es mala, en sí, lo malo es dotarle de un valor mayor al que merece (una buena herramienta como medio, no como fuente) por lo tanto, debe estar a pleno dominio del individuo. Esto debe ser considerado primario para que, quienes usan estas herramientas no lleguen a ser dependientes de éstas. Este tema es quizá, algo entendido en occidente, mucho más en sitios como Latinoamérica (Hispanoamérica), donde la tecnología no ha alcanzado un nivel tan alto con demasiada injerencia en la cotidianeidad, no obstante, lugares como Japón, China, o Corea del Sur, si se pudiesen encontrar en una crisis social por esta situación.

El pasado 17 de octubre del 2024 se celebró una reunión entre académicos del Departamento de Religión y Filosofía de la Hong Kong Baptist University 香港浸會大學 en el que discutieron en concreto lo que la iglesia considera ante el uso de la inteligencia artificial. No de los ministros, sino de la comunidad cristiana asiática en general. Debido a tanta injerencia tecnológica.

La Dra. Heather Mellquist L., participante en el foro, dijo que de su trabajo de campo en Corea del Sur se puede ver que los protestantes locales se oponen al tecnologismo, cuando utilizan tecnología o inteligencia artificial. Sin embargo, por otro lado, existen otras comunidades que consideran el uso de la inteligencia artificial como una herramienta por medio de la cual puede obrar el Espíritu Santo a otras vidas.

"Lehto también analizó que este tipo de indeterminación tecnológica (indeterminación tecnológica) no hizo que los protestantes surcoreanos quisieran dominarla, sino que, bajo la influencia de la pneumatología, la ética cristiana, etc., formaron una actitud optimista hacia la tecnología" (謝家誠, 2024)[87]

No cabe duda que la tecnología sí forma parte de ciertos sectores sociales, aunque no se debe olvidar que el Espíritu Santo obra en el individuo. Hemos de considerar también que en los países asiáticos, existen restricciones religiosas. China, por ejemplo, hay leyes que impiden la manifestación religiosa en las calles, por lo cual, no es posible (legalmente) realizar evangelismo.

Dar una conclusión desde un enfoque "occidental", sería muy precipitado de mi parte y posiblemente muy injusto, por lo cual creo que si hay almas que son bendecidas y genuinamente transformadas, no es por ningún medio secundario, sino por la

---

[87] *謝家誠 (2024年11月20日) 使用AI技術如在迷霧中 人類學家：信徒相信聖靈在其中工作| 基督教時代論壇有限公司*

genuina y sincera acción de cumplir con el mandato de predicar el evangelio. Aun con las imposibilidades en las que se encuentran.

Podemos entender que la nueva sociedad tecnológica nos muestra una realidad naciente que podría modificar absolutamente todo como lo conocíamos. La estandarización y de imagen y signos, podría, (en casos extremos) eliminar todo rastro de las culturas, y en su paso, podría creas nuevas culturas y subculturas con el pasar del tiempo.

*M. Emanuel Ceniceros*

# XVI. LAS LENGUAS;
# ἑτερογλώσσοις

En este tema presentaré una de las doctrinas más importantes para el pentecostalismo, las lenguas. Debemos considerar que el uso de ellas, es algo real pero inentendible para muchos e incluso para propios. Hoy en día hay millones de iglesias alrededor del mundo que sienten una presencia fuera de lo natural y que ocasiona esta manifestación en lo corporal. También hay que considerar los abusos que se han realizado a modo de glorificar aquello que es únicamente un efecto de la causa Divina[88], glorificar las lenguas no es lo más conveniente, sino quien la produce y cuál es su propósito. Pues hemos visto, lamentablemente, momentos de éxtasis donde no hay un claro propósito de su uso, lo cual genera problemáticas de identidad religiosa, puesto que se comienza a centrar más en la ritualización que en la espiritualidad.

---

[88] Véase tema 10, sub tema Teoría de la Causa Divina.

## Semiótica Eclesial

La teoría de la causa divina nace como una manera clara de contrarrestar lo que el Cognitive Science of Religion establece sobre la religiosidad en general. Su estudio, como previamente hemos visto en este libro, establece que las lenguas son solo la expresión humana en un entorno generalmente dominante. Sin embargo, "La Causa Divina" ofrece una respuesta para entender a quienes analizan la espiritualidad en la religiosidad de determinadas iglesias. Las iglesias pentecostales son las que más cercanas a las manifestaciones se encuentran. Muchos los pudiesen tomar como locos e incomprendidos, pero ante ello, hacen caso omiso, por causa del gran beneficio que han proporcionado las manifestaciones del Espíritu Santo.

### No hay nada descartable

Otro punto importante que se debe considerar es que *no hay nada descartable*, a esto me refiero que a pesar de lo que se pudiese creer en cuanto a lo que hoy por hoy tenemos en las escrituras respecto a las lenguas, no podemos decir que una manifestación de tales características no sea genuina. Ciertamente, hay momentos que solo es un "show" pero hay ocasiones donde se trata de algo genuino, Dios no establece una manera específica en que el Espíritu Santo llegase a manifestarse, mucho más aún porque es el Espíritu Santo quien se encuentra en la tierra. Ciertamente, tiene funciones como consolador, ayudador, guía, maestro, etc. pero el hecho de su presencia podría generar un impacto en la naturaleza humana. Esto además es significativo porque el hecho de tener una manifestación tangible como lo es "las lenguas" permite que el creyente tenga, por necesidad constante, una santidad completa de sí mismo. Es decir, hay quienes son creyentes y consumen cerveza, pero en el pentecostalismo eso es prácticamente nulo, por el acercamiento a la experiencia y manifestación, busca una santificación constante, no solo por su acción (actos/obras) sino en la conciencia cristiana (fe) y la humana (pensamiento), por lo cual su posición ante diversos puntos que afecten a su fe, los elimina sin problema. Esto es un beneficio muy grande, puesto que en iglesias de otras denominaciones, hemos visto cómo se intenta hacer una excusa sobre el uso del alcohol, el baile sensual e incluso algunos aceptan pensamientos, aunque estos estén fuera del orden bíblico, tal y como es las ideologías de género. El pentecostal realmente tiene una postura definitiva ante ello y es *"no agrada a Dios, y yo tengo que agradar a Dios porque soy el templo del Espíritu Santo"*, lo cual ha ayudado mucho a la santidad en el pentecostalismo

Hay posturas contrarias, cuyos argumentos son sólidos respecto al sentido de las lenguas según las escrituras, también hay posturas pentecostales sólidas respecto a las escrituras agregando experiencias de la manifestación espiritual, además, lingüistas quienes en determinados momentos han estudiado las lenguas. Que aunque parecieran repetitivas las palabras, tienen una relación con lenguas antiguas, algo que es fundamental para fortalecer la vigencia de las lenguas actualmente. Aunque el pentecostalismo no tiene interés en seguir la corriente de la confrontación de sí *"es real o no"* por lo que algunos sectores pudiesen decir, la realidad es que si existen hermanos que no solo niegan las lenguas, sino que las condenan y condenan a quienes no solo hacen uso de ellas, sino que Dios se manifiesta en ellos.

A mis hermanos que no consideran las lenguas como algo bíblico, creo que sus aportes e intención es buena y sincera, quizá buscan redireccionando en lo correcto según lo que consideran para sí. También creo que muchos pentecostales defienden la palabra y expresión de quienes no aceptan esta doctrina, si ésta se hallará

## Semiótica Eclesial

en persecución. En este caso se presenta la postura pentecostal, a fin de establecerla en el MSE.

Uno de los temas que podría considerarse un poco difícil de entender es las lenguas. El hablar en otras lenguas ciertamente la biblia lo describe como "glóssais" (*γλώσσαις*) que significa idiomas, por lo cual es interesante considerar, si se trata de idiomas, ¿por qué hay un tipo de palabras inentendibles que se manifiestan en ciertas iglesias y que su expresión audible para muchos es un sin sentido? Esto es algo que claramente la teología pentecostal ha tratado y en concreto la teología sistemática con una perspectiva pentecostal de Horton (1996) describe la necesidad de un acercamiento al Espíritu Santo que da lugar a la manifestación y don de lenguas, menciona que el don de lenguas es parte de los dones de adoración, pero además de ello, es imperativo que no sea algo al vacío, es decir, que el orden establecido por el Apóstol Pablo sea una base importante para una interpretación, describe David Lee para la teología sistemática pentecostal de Horton, lo siguiente:

> El don de lenguas necesita interpretación para ser eficaz en la congregación. (Horton, S. 1996, P.470[89])

### γλώσσαις (glosas)

Primero que nada hay que entender que las lenguas, tal y como se muestran en las escrituras, se describen como *glóssais/glosas*, lo que previamente hemos determinado que significa idiomas.

---

[89] Horton, S. (1996) Teología Sistemática; una perspectiva Pentecostal. Editorial Vida. p. 470

El pasaje bíblico en Hechos 2:4 al hablar de lenguas, en el griego, es precisamente γλώσσαις, por lo tanto, es preferible traducirlo como idiomas.

> *"Y fueron todos llenos del Espíritu Santo, y comenzaron a hablar en otras lenguas (γλώσσαις), según el Espíritu les daba que hablasen" (Hechos 2:4 RV60)*

Esta situación se dio a causa de que era necesario que el evangelio fuese predicado a toda criatura, por lo cual el Espíritu Santo descendió mientras se encontraban reunidos los discípulos y los seguidores del Señor Jesucristo y la manifestación espiritual fue *"hablar en otro idioma"*. El punto clave y de importancia no subyace en que tipo de *lengua* sino el efecto provocado por el Espíritu Santo, lo cual fue para salvación de quienes los escuchaban, puesto que las lenguas (idiomas) que les dio que hablasen fueron el elemento usado por Dios para llevar al conocimiento a personas que no conocían del evangelio. Algo muy similar a lo que ocurre con los milagros. Los milagros de sanidad, más allá de la exaltación que muchos le pudiesen dar a estos, son usados por Dios para atraer a personas a los pies de Cristo. Por supuesto que el milagro más importante para el perdido es la salvación, eso es incuestionable, por otro lado, los milagros de sanidad, son ocasión de producir fe. Muchas veces es a voces, de decir, quien logra ver un milagro y lo comenta a alguien más, desea recibir uno, por lo tanto, busca saber cómo recibirlo.

Un ejemplo de esto es el ciego Bartimeo, una historia descrita en el pasaje de Marcos 10:46-52, en el cual el ciego, había escuchado de Jesús, de los milagros que hacía y cuando escucho que pasaba cerca de él, pidió que lo sanara y Jesús honró la fe salvando su vida. Más allá de otorgarle el beneficio de la sanidad, Cristo lo salvó.

> *Respondiendo Jesús, le dijo: ¿Qué quieres que te haga? Y el ciego le dijo: Maestro, que recobre la vista. Y Jesús le dijo: Vete, tu fe te ha salvado. Y en seguida recobró la vista, y seguía a Jesús en el camino. (Marcos 10:46-52 RV60)*

El ciego logró recobrar la vista por la fe en él, pero la pregunta aquí es, ¿cómo obtuvo esa fe?, naturalmente él ya habría escuchado de los milagros que hacía y tuvo la osadía de alzar la mano en el momento adecuado. Recibió el milagro, fue sano y le siguió.

Otro caso, respecto a las lenguas, es en el pasaje que se encuentra en Hechos 10:46. Esto es muy particular, puesto que se trata de un hombre piadoso y temeroso de Dios, que la manifestación de la lengua le provocó un cambio trascendental en su vida. Me refiero a la conversión y bautismo de Cornelio.

> *Porque los oían que hablaban en lenguas, y que magnificaban a Dios (Hechos 10:46 RV60)*

Recordemos que Cornelio estaba deseoso de conocer a ese Cristo, y es entonces que, en visión, Dios le indica que fuese a Jope para traer a Pedro. En el momento que Pedro se encuentra ante Cornelio y las dudas que posiblemente estuvieron en su mente; todas se esfumaron cuando de un momento a otro comenzaron a hablar en lenguas.

Es interesante el hecho de cómo transcurrió este evento. En primera instancia Pedro comienza a hablar de las maravillas que Cristo hizo en la tierra y como él murió y resucitó por la humanidad. Es decir, el evangelio provocó la manifestación del Espíritu Santo. Algo que Pedro creía único en ellos (judíos) a lo que quedo sorprendido cuando un gentil recibió esta manifestación

> *Mientras aún hablaba Pedro estas palabras, el Espíritu Santo cayó sobre todos los que oían el discurso. Y los fieles de la circuncisión que habían venido con Pedro se quedaron atónitos de que también sobre los gentiles se derramase el don del Espíritu Santo. (Hechos 10:44-45 RV60)*

El común denominador aquí es el evangelio con propósito de salvación. Algo que como pentecostales hemos sabido compartir. No es sorpresa de nadie que el pentecostalismo haya logrado tener un impacto en muchos países gracias al evangelismo. Las escuelas e institutos que cuentan con enfoque evangelístico tienen el propósito de preparar a jóvenes para llevar este mismo mensaje, el mensaje de salvación a toda criatura, es por ello que las manifestaciones en el pentecostalismo no son algo inesperable, sino que es producto del trabajo en la obra de Cristo, porque es Él quien lo produce.

### ἑτερογλώσσοις & καιναῖς

Ahora bien, para concluir me gustaría considerar dos pasajes más para hablar de la denominada "*heteroglossia*" (ἑτερογλώσσοις) y "*kainais*" (καιναῖς).

En el pasaje que se encuentra en 1 Corintios 14:21-22 habla respecto a *heteroglossia. Esta palabra es una conformación de dos cuyo significado se puede representar de la siguiente manera:* "ἕτερος" (heteros) que significa "otro" o "diferente" y "γλῶσσα" (glóssa)

> *En la ley está escrito: En otras lenguas y con otros labios hablaré a este pueblo; y ni aun así me oirán, dice el Señor. Así que, las lenguas son, por señal, no a los creyentes, sino a los incrédulos; pero la profecía, no a los incrédulos, sino a los creyentes. (1 Corintios 14:21-22)*
> (ἐν τῷ νόμῳ γέγραπται ὅτι ἐν ἑτερογλώσσοις καὶ ἐν χείλεσιν ἑτέρων λαλήσω τῷ λαῷ τούτῳ, καὶ οὐδ' οὕτως εἰσακούσονταί μου, λέγει Κύριος).

La mayoría de hermanos conocemos este pasaje y su contexto. El Apóstol Pablo da indicaciones de uso del don de lengua. Esto es muy interesante, puesto que quienes la comenzaron a practicar (corintios) lo hacían con pasión y exacerbación. Pero además de ello, el apóstol en ningún momento omitió su uso, en cambio, dio instrucciones del uso del don de lengua. En los versículos subsiguientes da estas indicaciones a una comunidad cristiana cuyo contexto era complejo, Corinto era una de esas regiones con alto índice de paganismo. Aunque no era la gran Atenas, realmente había una gran cantidad de pecado en las calles, en ese sentido era necesario la manifestación del Espíritu Santo. Pero es interesante que quienes conformaron esta comunidad fueron hombres y mujeres cuyas prácticas eran paganas, pero fueron transformados por el poder del evangelio. Esto mismo ocurre en la actualidad. El mundo está quizá igual o peor, y cada vez más nos estaremos acercando a una inmoralidad en el mundo que requerirá realizarnos a lo Espiritual, a que el Espíritu Santo sea quien se manifieste. Como pentecostales tenemos este compromiso, de mantener encendida la llama del Espíritu, porque cuando el mundo caiga tanta degradación y pecado, lo único que hará que vuelvan al camino será una manifestación contundente del Espíritu Santo. Algo que es importante de destacar es el hecho de que no habla de una omisión como tal, que aunque puede ser un idioma terrenal, en el contexto aplicado, no es algo que el apóstol Pablo omitiera, más bien reguló para los futuros creyentes en Cristo.

Un último pasaje que consideraremos en este corto tema es el que se encuentra en Marcos 16:17 que dice de la siguiente manera:

> *Y estas señales seguirán a los que creen: En mi nombre echarán fuera demonios; hablarán nuevas lenguas (Marcos 16:17 RV 60)*
> (σημεῖα δὲ τοῖς πιστεύσασιν ταῦτα παρακολουθήσει · ἐν τῷ ὀνόματί μου δαιμόνια ἐκβαλοῦσιν · γλώσσαις λαλήσουσιν καιναῖς[90])

*En este pasaje hay dos palabras relacionadas que dan lugar a una sola (nuevas lenguas) y se trata de:* γλώσσαις (glosas) que es lengua o lenguaje/idioma, pero además se encuentra καιναῖς" (kainais), que significa "nuevas".

Jesucristo en este pasaje habla sobre las indicaciones futuras a los discípulos, posteriormente apóstoles, sin embargo, estas palabras no solo son dirigidas a los apóstoles, sino a todo aquel que cree. Por lo tanto, cuando hacía referencia a nuevas lenguas, podríamos deducir que habla de las lenguas nuevas que son por la manifestación del Espíritu Santo para, como dice Pablo testimonio y salvación al perdido.

---

[90] Versión griega según los trabajos del "Tischendorf's Greek New Testament" de Konstantin von Tischendorf.

Ciertamente en el pentecostalismo hay un abuso, en algunos casos, del uso de las lenguas. Es por ello que valdría la pena considerar remitirnos a lo que el Apóstol Pablo dijo a la iglesia de Corinto, por tanto, hay una similitud a la iglesia moderna y además ayudaría a tener una espiritualidad bíblica.

Además, quisiera establecer lo siguiente, podría ser quizá algo mucho más controversial para pentecostales, pero también para no pentecostales. Yo considero que el don de lenguas si es parte de la religiosidad y espiritualidad pentecostal y realmente no tengo ningún problema con aceptarlo; sin embargo, creo que debe haber un entendimiento mas pleno al respecto para evitar los excesos que pueda producir la falta de conocimiento. La manifestación del Espíritu Santo es real y el don de lenguas es algo que beneficia al pentecostalismo, y por supuesto que todos pueden, pero es necesario que exista un conocimiento sobre ello. No podemos ser verdaderamente pentecostales cuando hay desconocimiento sobre un tema tan representativo como lo es las lenguas.

### Mi declaración final y sincera

Es preciso recalcar lo que a principio de este tema he detallado, hay hermanos que no creen en el bautismo del Espíritu Santo en lenguas. Y quizá en nuestra mente de pentecostal pudiéramos decir *"¿podría estar mal?"*; sin embargo, ni ellos ni nosotros estamos mal, sino que cada quien vive una espiritualidad particular con Dios. Ciertamente, como pentecostales, creemos firmemente en la manifestación del Espíritu Santo en lenguas, por la experiencia (pentágono pentecostal) que hemos recibido. Al estar en cercanía con la parte espiritual de la religiosidad, hay una gran posibilidad de que ocurran cosas que no están en el orden lógico de lo natural, como la vista a un ciego, la posibilidad del habla a un mudo y la manifestación del Espíritu Santo de manera muy particular, en lenguas.

### Una corta experiencia (Delphi)

En una ocasión, cuando era más joven, me ocurrió una situación que al hablarlo con algunos hermanos en Cristo me han confirmado que algo similar también les sucedió.

Mientras me encontraba en una campaña evangelística, escuchaba al predicador, y durante la ministración, el Espíritu Santo comenzó a moverse de una manera sobrenatural. Yo en ese momento no consideraba una posibilidad de hablar en lenguas, como podía notar en ese momento que algunos hermanos sí lo hacían, así que me dispuse a únicamente levantar mis manos y orar a Dios, agradeciendo y alabando su nombre.

Cuando al fin, abrí mis ojos, frente a mí pude ver muchas personas. El responsable de grabar el servicio con una cámara y su micrófono en dirección a mí se encontraba allí también y atrás de la multitud pude ver a un hombre saltando de gozo, yo personalmente siempre he sido muy reservado y serio en mi personalidad y al notar eso pensé que algo ocurrió, pero no lo sabía, no fue sino hasta que regrese a mi asiento y quien me acompañaba me dijo lo siguiente *"¿lograste escuchar lo que dijiste?"* a lo cual yo respondí *"solo oraba a Dios y alababa su nombre"*, me dijo *"hablaste en lenguas extrañas"*. Para mí, naturalmente es imposible que haya ocurrido porque soy consciente de mis palabras, pero también soy consciente de aquellas cosas que para mí no son explicables, pero para Dios si.

Al ser yo una persona muy reservada y muy seria, algunas veces me parecía algo imposible que sucediera en mi vida; sin embargo,

## Semiótica Eclesial

Dios me demostró esa vez que para Él no hay imposibles, en ningún sentido.

He de confesar que después de eso, durante algún tiempo no he tenido la experiencia del Espíritu Santo en lenguas, y pensé que algo mal estaba en mí. Sin embargo, notaba como Dios continuaba guiándome, ayudándome, fortaleciéndome, en síntesis, Él permaneció conmigo a pesar de que la experiencia de las lenguas no era manifiesta cada día de servicio. Entonces comprendí algo que quizá algunos pentecostales mucho más conservadores podrían estar en discordancia conmigo. *"Todos podemos hablar en lenguas, pero no todos debemos hacerlo"*, a esto no me refiero como un tipo de limitación, sino todo lo contrario, si hay una manifestación del Espíritu Santo, no la reprimas, pero si no la hay, no fuerces.

Mucho se ha dicho que el pentecostal crea sus idiomas a base de repetición de sílabas, personalmente no me consta, pero tampoco creo que no haya ocurrido. Es por ello que parece mucho más sano acercarnos primeramente al Espíritu Santo y que sea él quien otorgue el don. Puesto que ha sido por gracia, no por mérito. Lo que yo experimenté en aquel momento fue solo experiencia de las muchas que hay en todo el mundo. Por eso, aunque podría no manifestar este don, creo firmemente que el Espíritu Santo tiene la facultad de hacer esto y más.

Yo no tengo duda que el Espíritu Santo está conmigo, pues me ha dirigido durante este tiempo de escritura, y de manera muy interesante y maravillosa, podría testificar que me ha mostrado cómo ir avanzando hasta la conclusión del mismo.

Para mis hermanos pentecostales, creo que debemos considerar, analizar nuestra cercanía con Dios y dejar que sea el Espíritu Santo usando nuestra vida, no nosotros queriendo usar a Dios.

Creo en el Espíritu Santo y todas sus formas de manifestación con el hombre (aún y que estas sean inentendibles), como algo necesario para la revitalización de la iglesia en un mundo complejo. Entiendo que existen diversas formas de espiritualidad. Y para mis amigos calvinistas, tienen su manera de acercarse al Espíritu Santo, y creo que está bien, nosotros como pentecostales, tenemos una forma muy maravillosa en cómo recibimos la manifestación del Espíritu Santo, y es necesario seguir con el fuego encendido en nuestros corazones, pero creo que lo incorrecto sería continuar con las luchas internas de calvinistas vs. pentecostal. Ciertamente, hay muchas cosas que nos dividen, pero si nos concentramos en aquellas que nos unen podríamos fortalecer la cristiandad.

# XVII. EL INDIVIDUALISMO DE LA IGLESIA EN EL QUEHACER TEOLÓGICO

Como hemos notado, el Método Semiótico Eclesial, no solo es una respuesta ante la necesidad de una identidad religiosa, sino que también es un mecanismo de seguridad de nuestra iglesia a causa de las controversias que hemos padecido. No es nada nuevo, ni mucho menos desconocido, que el pentecostalismo, además de ser el que más ha crecido, también el movimiento que más daños ha sufrido, y pareciera que una parte de la iglesia ha aceptado algunas posturas erróneas al lograr ser convencido. Si comprendiéramos lo delicado que es no dejar a al aire todos estos temas que rodean nuestra identidad pentecostal y procuraremos continuar por el avance del evangelio, pero, con conocimiento de Cristo, a fin de prevalecer en la doctrina de los apóstoles, la situación quizá sería distinta. Hay algo con lo que se lucha internamente, y es el individualismo en el quehacer teológico. Personalmente, no me considero un teólogo de formación académica; sin embargo, tengo años conocimiento las doctrinas fundamentales de nuestra iglesia y considero tener un conocimiento al respecto, empero, cuando tengo alguna duda, acudo a alguien cuya respuesta no se encuentre en una vaga opinión, sino en un largo recorrido del trabajo teológico, pues de esa manera lograré esclarecer las dudas, que en ciertos pasajes bíblicos pudiesen surgir. Lamentablemente, algunos hermanos en la fe, quizá por los años en la iglesia o por haber obtenido una licenciatura en teología, se consideran teólogos, por lo tanto, no están para recibir consejo, sino para otorgarlo. ¡En qué grave error se encuentran!

Importante es considerar siempre que nosotros nos debemos a una comunidad de hermanos, principalmente a Cristo, por supuesto, pero, no lo sabemos todo. Mucho menos cuando se refiere al conocimiento teológico que es vasto, y que hoy en día han surgido tantos pensamientos y gran cantidad de libros de teologías que algunos no saben por donde comenzar.

### El orgullo del Gran hombre pequeño

Nuestra forma de interpretar las cosas es tan limitada y está tan sujeta, que nos impide ver que no somos más que hombres y mujeres carentes de tantas cosas y que en determinados momentos, estos hombres carentes y muchas veces con errores en sus corazones, creen tener la razón en todo. ¿Te das cuenta de lo peligroso que es esto?, no se trata de una pelea de secundaria por ser de diferentes salones, se trata del orgullo de un hombre que se cree grande, pero que realmente es pequeño. Y es allí donde nace esa intención de decir "mi verdad es la verdad absoluta", y estas ni siquiera es la verdad de Dios, es la verdad que él quiso que fuese la verdad de Dios. Es triste ver como día a día predicadores quieren reinterpretar las escrituras de manera que buscan proveer nuevas ideas y conceptos. Y eso, amigos míos, ciertamente llama mucho la atención, pero más que ello, me alerta a cuidarme, a mí y a mi gente de las falsas doctrinas que eventualmente podrían surgir en los próximos años.

No sabemos qué sucederá en cinco o diez años, pero seguramente, alguna doctrina reinterpretada por alguien, de no sé qué lugar, ni con qué propósito lo harán, pero de Dios no es.

## Las Ciencias Bíblicas vs. Estudios Teológicos. ¿En conflicto?

Cuando el pueblo de Israel se encontraba cautivo en Egipto, sin posibilidades de crecer, aprender, había uno que sí lo hacía, era Moisés. Las escrituras dicen que creía en conocimiento de los egipcios. Así lo declaró Esteban:

*Moisés fue instruido en toda la sabiduría de los egipcios, y era un hombre poderoso en palabras y en hechos. (Hechos 7:22 rv60)*

Ciertamente, Moisés tenía mucho más conocimiento que cualquier otro de los hebreos, pero incluso, que cualquier un egipcio común. Sin embargo, todo cambia cuando se encuentra con Dios luego de haber huido de Egipto. Él se encuentra con Dios y le da la encomienda de sacar al pueblo de Israel de Egipto. Cuando Moisés llega ante el Faraón (ahora como defensor y libertador de Israel) después de haber sido llenado del conocimiento (haber conocido) de Dios, sucede algo muy particular.

> *Entonces Moisés y Aarón fueron a ver al faraón e hicieron lo que el Señor les había ordenado. Aarón tiró su vara al suelo delante del faraón y de sus funcionarios, ¡y la vara se convirtió en una serpiente! Entonces el faraón llamó a sus sabios y a sus hechiceros, y los magos egipcios hicieron lo mismo con sus artes mágicas: tiraron sus varas al suelo, ¡y las varas también se convirtieron en serpientes! Pero la vara de Aarón se tragó las varas de ellos. (Éxodo 7:10-12 NTV[91])*

Algo como esto, muy probablemente nunca había sucedido delante de los ojos del Faraón, la vara de Aron se convirtió en serpiente, por obra de Dios. Quizá el Faraón se encontraba atónito ante tal situación, por lo cual, tal y como lo detalla las escrituras, llama a "sus sabios" y hechiceros, e hicieron algo similar.

> *Pero la serpiente de Moisés se comió a las otras. Por otra parte, eso no fue todo, sino que más adelante, en ese mismo capítulo, detalla:De repente, ¡todo el río se convirtió en sangre! Murieron los peces del río y el agua quedó tan asquerosa que los egipcios no podían beberla. Había sangre por todas partes en la tierra de Egipto. Pero los magos de Egipto volvieron a usar sus artes mágicas y también convirtieron el agua en sangre. De modo que el*

---

[91] Éxodo 7:20b-22 Nueva Traducción Viviente, © Tyndale House Foundation, 2010

*corazón del faraón siguió endurecido y se negó a escuchar a Moisés y a Aarón, tal como el Señor había dicho. (Éxodo 7:20b-22 NTV[92])*

Algo interesante que ocurre en estas dos situaciones es que hay dos conocimientos en conflicto constante. El primero es aquel que proviene de satanás, y busca siempre ir en contra de los planes de Dios, estorbar, y persuadir a quienes se encuentran cerca de él. Por otro lado, está el conocimiento de Dios que le fue otorgado a Moisés cuando Dios le llamó. Esto es algo muy similar a lo que ocurre en aquella denominada guerra entre los estudios teológicos y las ciencias bíblicas. He de confesar que durante un tiempo yo consideré que sí, las ciencias bíblicas eran aquella arma que satanás podría usar para afectar a la iglesia; sin embargo, no lograba entenderlo correctamente. Las ciencias bíblicas ciertamente han ayudado significativamente a la religión, a comprender múltiples aspectos de un pasaje bíblico.

Lamentablemente, muchos hombres de Dios se alejan demasiado de nuestra fe y es entonces, cuando ellos convierten las ciencias bíblicas en las serpientes de los magos. Las ciencias fueron un regalo de Dios, somos nosotros los causantes de abrirle paso a aquellos pensamientos que puedan ayudarnos a mejorar o alejarnos de Dios.

## La Conclusión de todo

Parece ser que algunos optan por vivir mucho más apegado a la parte académica de la religión, que a la parte espiritual, con la intención de desprestigiar y/o dudar de las experiencias espirituales, tal y como lo hemos detallado con el daño que ocasionan, el pensamiento ad hoc al CSR. Personalmente, no creo

---

[92] Éxodo 7:10-12 Nueva Traducción Viviente, © Tyndale House Foundation, 2010

que el mal de todo esto sea el mucho estudio, sino que el estudio lo realizan sin un ancla del conocimiento espiritual. El MSE, busca precisamente no abandonar la espiritualidad que podrían representar, independientemente del nivel académico que llegasen a tener. Esto revela la importancia del Método Semiótico Eclesial, no solo en nuestro quehacer teológico, sino en nuestra vida cristiana. Algo de lo cual es fundamental tener a consideración, la permanencia en la fe.

El pentecostalismo ha crecido mucho, he tenido importantes hombres de Dios quienes desde lo académico han ayudado al desarrollo del pentecostalismo en diferentes áreas, hemos visto a grandes hombres de Dios y leído sus grandes trabajos teológicos, Perlman, Horton, Nelson, solo por mencionar algunos de Asambleas de Dios, quienes desde un conocimiento muy amplio, aportaron al pentecostalismo. En este nuevo siglo, hemos visto varios nuevos enfoques del pentecostalismo a nuevas necesidades de estudio. Y aunque personalmente yo no me considero un académico, el MSE es una aportación a este movimiento cristiano (pentecostal), sé que podría haber muchos más, con mucha más capacidad, y creo que Dios levantará a jóvenes con un pensamiento innovador según el contexto social en cuestión.

### El Pensamiento Innovador las normas

Podríamos entender como pensamiento innovador, aquello que es novedoso pero también necesario para un punto en concreto. La innovación lleva consigo trabajo, detrás y esfuerzo. Y la existencia de esta es a causa de las normas que lo permiten. De una manera figurativa, supongamos que asistes a una universidad y una puerta de un salón abre de lado izquierdo, pero deseas que abra distinto. Planeas entonces un diseño de una puerta circular o incluso una puerta que abra de abajo hacia arriba. Al momento que le planteas la idea de modificación de la puerta al director del

## Semiótica Eclesial

plantel, niega la propuesta con un rotundo "no". Te retiras y regresas al aula pensando, ¿por qué no lo aceptaron? En tu mente consideras eso una innovación necesaria, según las condiciones actuales, pero esta innovación quizá podría ser solamente un deseo personal. Puesto que todas las instituciones cuentan con lineamientos específicos, previamente trazados por las autoridades académicas y cualquier modificación, debe cumplir ciertas normas. ¿Qué si podría ser considerada una "innovación" aceptable en este caso?, posiblemente la puerta tenga una pintura descolorida, o esté algo suelta y requiera mantenimiento. En ese caso (no innovación, pero sí modificación) una atención a lo que ya se cuenta para mejorarlo, y no eliminar todo para rehacerlo, sería lo correcto.

El MSE, no elimina "*de tajo*[93]" todo el trabajo que se ha realizado. Tanto el Cuadrilátero Wesleyano, como el Pentágono Pentecostal, (elementos fundamentales del MSE) la escritura, y el elemento Delphi, son agentes y/o elementos que ya existen, la innovación que representa el MSE es en su funcionalidad, la manera en como es aplicado y su resultado.

---

[93] Expresión mexicana para referirse a algo que se realiza de manera arrebatada *"lo cortaste de tajo" "lo eliminaste de tajo"*

*M. Emanuel Ceniceros*

# XVIII. EL PENTECOSTALISMO Y LA UNIVERSALIDAD DE LA IGLESIA ACTUAL

Entre más nos acercamos al fin del tiempo escrito (bíblicamente) podremos ver como, eventualmente, surgirán tendencias a acercarnos más a la separación de la doctrina, y comenzar a aceptar ideas equivocadas. Tales son los ejemplos que anteriormente hemos detallado, pero también es preciso considerar nuestra identidad "católica" y "protestante" en nuestro pentecostalismo. Pues parece ser que, aunque los iniciadores del movimiento pentecostal, sí consideraron esto, hoy en día ha sido olvidado por varias generaciones, (jóvenes principalmente) quienes han optado por una idea de que el pentecostalismo navega solitario entre toda la cristiandad. Eso es totalmente equivocado, si existe un pentecostalismo que navega solitario, ese no es pentecostal. Ciertamente, los hermanos unicitarios, podríamos clasificarlos aquí, sin embargo, por razones personales, yo no podría considerarse pentecostales, aunque podamos compartir muchas cosas, y podríamos considerar que sería mejor ver las cosas buenas que lo que nos dividen, lo cierto es que, en su momento el pentecostalismo hizo un alto a estas ideas.

## Nuestra identidad Católica, Protestante y Pentecostal

Parece necesario considerar este tema, ya que desde hace algunos años nosotros, como pentecostales, parece ser que nos hemos apartado demasiado a modo de decir que nuestra iglesia es la salvación. Por razón de que es el pentecostalismo el movimiento que ha llevado al evangelio a una gran cantidad de personas alrededor del mundo. Algo así como si se tratara de un superpoder distinguible que únicamente se encuentra en las personas pentecostales. Algo, a lo que podríamos aludir, es la manifestación real del Espíritu Santo en lenguas, que muchas veces es (malintencionadamente) utilizado como ejemplo para desprestigiar otras doctrinas y denominaciones, aseverando cosas como "nosotros si tenemos el Espíritu Santo". Es realmente vergonzoso escuchar hermanos en Cristo teniendo orgullo y pisoteando al mismo tiempo a quienes, por alguna u otra razón, no piensan igual. En este caso, en el que vemos este tipo de discusiones que comienzan tanto de un lado como del otro, desde el pentecostalismo se siente un aire de poderío interno. Como de una fuerza inquebrantable y cualquiera que la vulnera, es sentenciado.

Durante varios años he visto pastores, ministros y miembros de iglesias pentecostales que han ofendido directamente a hermanos en Cristo, y el delito es "no ser pentecostal". Creo que ya no es tiempo de seguir pensando que unos u otros tienen la verdad, sino buscar crear puentes en beneficio del evangelio, pues, mientras hay debate y discusión en torno a temas secundarios, el hombre necesitado de Cristo está en la sala de espera, aguardando a que termines el debate. El debate no es malo, realmente es beneficio para el conocimiento, pero debemos considerar que si como pentecostales tenemos esta norma fundamental de "llevar el evangelio a toda criatura" y la llevamos con nosotros como una regla de oro, debemos cumplirla.

Debemos vernos como hermanos en Cristo, y cuando esto ocurra, cuando logremos ver el valor que hay en nuestros hermanos de diferentes denominaciones, entonces entenderemos que somos la verdadera iglesia católica.

Algo que el pastor Dr. Daniel de los Reyes en su libro "El Avivamiento que Permanece" describe esto mismo, pero habla sobre, ciertamente, tener orgullo con respecto a las manifestaciones y el conocer espiritual, pero lo denomina como "un orgullo silencioso"

> *"Esto es algo que como pentecostales debemos serenidad, sin triunfalismos y con la conciencia clara que aunque lo logrado es notable, lo que aún queda por hacer es un desafío de enormes dimensiones"(Villarreal, D., 2023. p. 30-31[94])*

Si bien es cierto que el pentecostalismo ha abrazado lo ilógico (humanamente hablando) se vuelve lógico a causa de su apego a

---

[94] Villarreal, D. (2023) El Avivamiento que Permanece; Glosas de Pentecostés a la vuelta del siglo. 2.ª ed. p. 30-31. Editorial Comenzar de Nuevo.

lo espiritual. Esta característica del movimiento pentecostal, ciertamente podría dar ocasión de orgullo y gloria por sobre otras denominaciones por, haber sido o tener una experiencia de una categoría o nivel superior; sin embargo, son aseveraciones muy peligrosas, porque el hecho de "superioridad" en la iglesia, es un concepto que no debe existir y si este es usado no es de Dios, es decir, no sigue a Cristo. Por ello es muy correcta la idea de una serenidad pentecostal en cuanto a nuestra identidad dentro de la cristiandad. Hay cosas que nosotros como pentecostales tenemos que otros no, pero también hay cosas que nosotros no tenemos, pero otros sí las tienen, por ello es mucho más maravillas y benéfico considerar la cristiandad con todos sus defectos porque no hay iglesia perfecta en el sentido humano de la palabra, pero la iglesia de Cristo si busca la perfección. ¿Cómo encontrarla entonces si nos distanciamos unos de otros? Mi amigo pentecostal, te sorprendería lo tan cerca que podríamos estar de nuestros hermanos ortodoxos o de nuestros hermanos anglicanos. Que por cierto, en algún momento leí que William J. Seymour[95] ante la necesidad de establecer doctrinas bíblica, escribió su libro "Doctrina y disciplina" donde utilizó fuentes de otros documentos. A día de hoy existe diálogo académico y teológico entre anglicanos, luteranos y pentecostales con el propósito de no solo conocer sus doctrinas, sino formar alianzas.

> *Para los pentecostales, la Biblia es una historia; leen sus vidas en esa historia y esa historia en sus vidas. Insisten en volver a las experiencias de Dios de las que dan testimonio las Escrituras, pero también en salir al mundo para dar testimonio de las obras de Dios multiplicadas a través de*

---

[95] Pastor estadounidense. Iniciador del movimiento pentecostal norteamericano. Líder del avivamiento de la calle Azusa.

*ellos, en nuevos contextos.* (Institut für Ökumenische Forschung. *2010, p. 11)*[96]

Por lo cual es importante considerar a nuestros hermanos. El pentecostalismo no inventó algo nuevo, sino que fue desarrollándose hasta llegar a la medida del pentecostalismo actual. Busquemos siempre la unidad del cuerpo de Cristo, evitemos las contiendas, comprendiendo que así como hay salvos en nuestra iglesia, también los hay en toda la cristiandad, porque todos somos de Él.

---

[96] Institut für Ökumenische Forschung in Strasbourg. (2010) Lutherans and Pentecostals in Dialogue p. 11.

*Semiótica Eclesial*

# Bibliografía

Alonso, M. (2025) ¿Cuándo se lanzó cada modelo de iPhone?. Obtenido de: https://rossellimac.es/blogs/blog/cuando-se-lanzo-cada-modelo-iphone#:~:text=En%20la%20convenci%C3%B3n%20Macworld%20de,y%20se%20lanz%C3%B3%20al%20p%C3%BAblico.

Barney, K. D. (1984). El evangelio pentecostal (Ed. 45, p. 12). Assemblies of God. Consortium of Pentecostal Archives.

Barrett, J. L. (2004). Why Would Anyone Believe in God? AltaMira Press.

Beuchot, M. (2004). La semiótica: Teorías del signo y el lenguaje (p. 62). Fondo de Cultura Económica.

Boyer, P. (2001). Religion Explained: The Evolutionary Origins of Religious Thought. Basic Books.

Ceniceros, M. E. (2024). Postulaciones y nuevos conceptos de liderazgo pentecostal.

Concilio de Trento. (s.f.). Sesión XIV: Los sacramentos de la penitencia y la extremaunción. Canon XII.

Concilio Vaticano II. (s.f.). Cap. VIII, Sec. III: La Santísima Virgen y la Iglesia.

FPHC. (2023). Eudorus Neander Bell: Pentecostal Statesman and Founding Chairman of the Assemblies of God. Recuperado de https://ifphc.wordpress.com/tag/e-n-bell/

Harvey, W. (2004). Modes of Religiosity: A Cognitive Theory of Religious Transmission. AltaMira Press.

Hoekema, A. (1997). Mormonismo (p. 15). Editorial Subcomisión de Literatura Cristiana.

Horton, S. (1996). Teología sistemática: Una perspectiva pentecostal. Editorial Vida. (p. 20, 379, 470)

Institut für Ökumenische Forschung in Strasbourg. (2010). Lutherans and Pentecostals in Dialogue (p. 11).

Leone, M. (2019). Semiotics of religion: A map. The American Journal of Semiotics, 35(3/4), 309 – 333.

Orthodox Church in America. (s.f.). Infallibility. Recuperado en agosto de 2024 de https://www.oca.org/questions/romancatholicism/infallibility

Solís Zepeda, M. L. (2019). El sujeto religioso y la intersubjetividad. Tópicos del Seminario, (41), 129 – 146.

Telefónica (2023) ¿Quién inventó el primer teléfono móvil?. Obtenido de: https://www.telefonica.com/es/sala-comunicacion/blog/quien-invento-primer-telefono-movil/

Torres, L. E. (s.f.). La unicidad de Dios.

Toth, T. (1956). Creo en la Iglesia (pp. 111, 116). Sociedad de Educación Atenas S. A.

U. Bellocchi (a cura di). (1995). Tutte le encicliche e i principali documenti pontifici emanati dal 1740, vol. IV: Pio IX (1846 – 1878) (pp. 334 – 340). Libreria Editrice Vaticana.

Villarreal, D. (2023). El avivamiento que permanece: Glosas de Pentecostés a la vuelta del siglo (2.ª ed., pp. 30 – 31). Editorial Comenzar de Nuevo.

謝家誠（2024年11月20日）使用AI技術如在迷霧中 人類學家：信徒相信聖靈在其中工作｜基督教時代論壇有限公司

*M. Emanuel Ceniceros*

## Imágenes.

> Modelo de Peirce. P. 24
> Modelo de Ferdinand. P. 25
>  Modelo de Barthes. P. 27

> Modelo de Análisis del signo, Lotman. P. 29

> Imagen de: Danilo D'Onofrio (2022), P. 42

> Propuesta [Imagen 1] de Semiótica Eclesial (o semiótica corporativa) Figura conceptual. p.50

> Propuesta [Imagen 2] de Semiótica Eclesial (o semiótica corporativa) p. 51

> Raimundo Lulio. Teólogo, religioso, científico, y responsable de la semiótica combinatoria. p. 52

> Propuesta [Imagen 3] de Semiótica Eclesial de la imagen clara. 57
> Cuadrilátero Wesleyano. p. 63
> Cuadrilátero Wesleyano adjunto al Método Semiótico Eclesial. p. 65
> Propuesta Pentágono Pentecostal (2024) p. 68
> Pentágono Pentecostal y el Cuadrilátero Wesleyano adjuntos al Método Semiótico Eclesial. p. 72
> Diagrama del catolicismo bajo el modelo semiótico eclesial. p. 85
> Diagrama del unitarismo bajo el modelo semiótico eclesial. p. 95
> Diagrama del mormonismo bajo el modelo semiótico eclesial. p. 101
> Imagen Teoría de la Causa Divina por M. Emanuel Ceniceros. P. 115
> Iglesias, Religión e identidad cristiana = cristianismo real] Semiótica de la cultura y la religión. P. 120
>Hombre creador-colaborador. P. 128

*M. Emanuel Ceniceros*

# Glosario general en orden alfabético

1. **Absoluta:** Completa, total.
2. **Ancianos:** Líderes de la iglesia.
3. **Apóstol:** Mensajero, enviado.
4. **Argumento:** Razonamiento para demostrar algo.
5. **Asambleas:** Reuniones, congregaciones.
6. **Asunción:** Elevación de María al cielo.
7. **Actitudes:** Comportamientos.
8. **Autoridad:** Poder o derecho para dar órdenes.
9. **Bautismo:** Rito cristiano de iniciación.
10. **Bíblica:** Relacionado con la Biblia.
11. **Católica:** Relacionado con la Iglesia Católica.
12. **Cánticos:** Canciones religiosas.
13. **Certidumbre:** Seguridad, certeza.
14. **Ciencia:** Estudio sistemático del mundo natural.
15. **Cognitivo:** Relacionado con el pensamiento.
16. **Comunidad:** Grupo de personas que comparten algo en común.
17. **Conciencia:** Conocimiento de uno mismo.
18. **Concilio:** Reunión de líderes eclesiásticos.
19. **Congregación:** Grupo de personas reunidas para adorar.
20. **Conjetura:** Suposición basada en evidencia limitada.
21. **Contexto:** Entorno en el que ocurre algo.
22. **Convencimiento:** Certeza, persuasión.
23. **Corolario:** Conclusión que se deduce de algo.
24. **Creencias:** Ideas que se consideran verdaderas.

25. **Cristiano:** Seguidor de Cristo.
26. **Cristo:** Ungido, Mesías.
27. **Crítica:** Análisis y evaluación.
28. **Cualidad:** Característica, atributo.
29. **Cultura:** Conjunto de costumbres y creencias de un grupo.
30. **Decodificado:** Interpretado, descifrado.
31. **Deducción:** Llegar a una conclusión por razonamiento.
32. **Definida:** Clara, precisa.
33. **Definir:** Explicar el significado.
34. **Delphi:** Método de interpretación colectiva.
35. **Denominaciones:** Grupos religiosos con doctrinas específicas.
36. **Desvelar:** Revelar, descubrir.
37. **Divina:** Relacionado con Dios.
38. **Doctrinal:** Relacionado con la doctrina.
39. **Doctrinas:** Enseñanzas religiosas.
40. **Dogma:** Creencia establecida como verdad absoluta.
41. **Dualidad:** Estado de tener dos partes.
42. **Edificante:** Que construye espiritualmente.
43. **Eclesial:** Relacionado con la iglesia.
44. **Elocuencia:** Fluidez y persuasión en el habla.
45. **Encarnación:** Manifestación en forma humana.
46. **Enseñanza:** Instrucción, adoctrinamiento.
47. **Entorno:** Ambiente, contexto.
48. **Escrituras:** Textos sagrados, la Biblia.
49. **Esencia:** Naturaleza fundamental de algo.
50. **Espiritual:** Relacionado con el espíritu.
51. **Espíritu:** Parte inmaterial del ser humano.
52. **Estructura:** Organización de las partes de un todo.
53. **Evangelio:** Buenas nuevas de salvación.
54. **Evidencia:** Hechos que apoyan una afirmación.
55. **Experiencia:** Conocimiento obtenido por la práctica.
56. **Expresiones:** Manifestaciones, declaraciones.

## Semiótica Eclesial

57. **Fe:** Creencia en algo sin necesidad de prueba.
58. **Fiel:** Leal, digno de confianza.
59. **Formación:** Educación, entrenamiento.
60. **Fundamental:** Esencial, básico.
61. **Gesto:** Movimiento expresivo del cuerpo.
62. **Genuina:** Auténtica, verdadera.
63. **Guía:** Persona que dirige o aconseja.
64. **Hermenéutica:** Teoría de la interpretación.
65. **Identidad:** Conjunto de características que definen a alguien.
66. **Imagen:** Representación visual.
67. **Imperativo:** Necesario, obligatorio.
68. **Interpretación:** Explicación del significado.
69. **Intrínseco:** Propio, esencial.
70. **Jerarquía:** Orden de autoridad.
71. **Justicia:** Rectitud, equidad.
72. **Liderazgo:** Capacidad de dirigir.
73. **Litúrgico:** Relacionado con la liturgia.
74. **Manifestación:** Expresión, demostración.
75. **Mensaje:** Comunicación, información.
76. **Método:** Procedimiento para lograr algo.
77. **Milagrosas:** Que producen milagros.
78. **Ministerio:** Servicio religioso.
79. **Ministros:** Personas que realizan funciones religiosas.
80. **Misión:** Propósito, tarea.
81. **Moldea:** Da forma, influye.
82. **Naturaleza:** Esencia, características inherentes.
83. **Opaca:** No transparente, oscura.
84. **Oración:** Plegaria, súplica.
85. **Palabra:** Expresión verbal.
86. **Parábola:** Historia con significado simbólico.
87. **Pastores:** Líderes religiosos.
88. **Pentecostal:** Relacionado con el pentecostalismo.

89. **Perspectiva:** Punto de vista.
90. **Plenitud:** Estado de estar completo.
91. **Prácticas:** Costumbres, acciones habituales.
92. **Premisa:** Proposición que sirve de base.
93. **Presencia:** Estado de estar presente.
94. **Proclamación:** Anuncio público.
95. **Propósito:** Intención, objetivo.
96. **Protestante:** Relacionado con el protestantismo.
97. **Quehacer:** Tarea, actividad.
98. **Reino:** Dominio, soberanía.
99. **Revelada:** Manifestada, descubierta.
100. **Ritual:** Ceremonia, rito.
101. **Roles:** Funciones, papeles.
102. **Sagrada:** Santa, venerada.
103. **Salvación:** Liberación del pecado y sus consecuencias.
104. **Sentido:** Significado, razón.
105. **Servicio:** Acto de ayudar.
106. **Significado:** Sentido, interpretación.
107. **Signos:** Símbolos, señales.
108. **Silencio:** Ausencia de sonido.
109. **Simbólica:** Que representa algo más.
110. **Símbolo:** Representación de una idea.
111. **Sínodos:** Concilios regionales.
112. **Subjetividad:** Perspectiva personal.
113. **Sutiles:** Delicadas, finas.
114. **Tangible:** Que se puede tocar.
115. **Tarea:** Trabajo, labor.
116. **Teología:** Estudio de Dios y la religión.
117. **Terrenal:** Relacionado con la Tierra.
118. **Testimonio:** Declaración personal.
119. **Trascendente:** Que va más allá de lo ordinario.
120. **Unánime:** En común acuerdo.
121. **Unidad:** Estado de estar unido.

122. **Visible:** Que se puede ver.
123. **Visión:** Percepción, entendimiento.
124. **Voluntad:** Deseo, intención.

# Glosario de palabras utilizadas por el autor

1. **Eclesialidad Semiótica:** La aplicación de la semiótica al estudio de la vida y prácticas de la iglesia.
2. **Iglesia Corporativa:** La iglesia entendida como un cuerpo colectivo con identidad y acción unificada.
3. **Premisa Fundamental de la Semiótica Eclesial:** Principio básico que sostiene que toda acción en la iglesia tiene significado simbólico.
4. **Elocuencia Silenciosa:** Comunicación a través de actitudes y comportamientos, más que palabras.
5. **Visión Opaca:** Interpretación distorsionada de signos religiosos por la subjetividad no regulada.
6. **Interpretación Delphi:** Proceso de discernimiento colectivo e informado en la interpretación de signos eclesiales.
7. **Método Semiótico Eclesial (MSE):** Un enfoque específico para interpretar signos y significados dentro de un contexto religioso.
8. **Imagen Clara:** Signo o elemento simbólico central que requiere decodificación en el MSE.
9. **Cuadrilátero Wesleyano:** Marco de cuatro fuentes de autoridad (Escritura, Tradición, Razón, Experiencia) utilizado en la interpretación teológica.
10. **Pentágono Pentecostal:** Estructura de cinco premisas relacionadas con la experiencia espiritual en el pentecostalismo.

## Semiótica Eclesial

11. **Teoría de la Causa Divina:** Concepto que explica fenómenos religiosos como resultado de la acción directa de Dios.
12. **Punto Reaccionario:** Perspectiva de un observador externo que analiza el efecto de un evento sin comprender la causa divina.
13. **Heteroglosia (ἑτερογλώσσοις):** Hablar en "otras lenguas" o idiomas distintos.
14. **Kainais (καιναῖς):** "Nuevas" lenguas, referidas a las lenguas espirituales o dones de lenguas.
15. **El Orgullo del Gran Hombre Pequeño:** Actitud de aquellos que, con conocimiento limitado, se creen expertos y rechazan consejo.
16. **Individualismo en el Quehacer Teológico:** Tendencia a interpretar la teología de manera personal y aislada, sin considerar la comunidad.
17. **Pensamiento Innovador:** Ideas nuevas y necesarias que cumplen con las normas establecidas.
18. **Orgullo Silencioso:** Sentimiento de superioridad espiritual sin expresarlo abiertamente.

M. Emanuel Ceniceros

# Lista temática de conceptos propios del autor

**Semiótica Eclesial y Teoría:**

- Eclesialidad Semiótica
- Premisa Fundamental de la Semiótica Eclesial
- Método Semiótico Eclesial (MSE)
- Teoría de la Causa Divina
- Punto Reaccionario

**Conceptos relacionados con la Iglesia y la Comunidad:**

- Iglesia Corporativa
- Interpretación Delphi
- Individualismo en el Quehacer Teológico

**Interpretación y Signos:**

- Elocuencia Silenciosa
- Visión Opaca
- Imagen Clara

**Marcos Teológicos y Autoridad:**

- Cuadrilátero Wesleyano
- Pentágono Pentecostal

**Conceptos Lingüísticos y Espirituales (relacionados con el Pentecostalismo):**

- Heteroglosia (ἑτερογλώσσοις)
- Kainais (καιναῖς)

**Actitudes y Comportamientos:**

- El Orgullo del Gran Hombre Pequeño
- Pensamiento Innovador
- Orgullo Silencioso

*M. Emanuel Ceniceros*

*Semiótica Eclesial*

*M. Emanuel Ceniceros*

*Semiótica Eclesial*

© 2024 Publicaciones cdrgetsemani

Made in the USA
Coppell, TX
01 March 2026

72518065R00105